REINO DE LOS CORALES
AL ATOLÓN DEL CURANDERO
PLAYA DORADA
PIETRALGA
la ciudad sumergida
GRUTA SUBMARINA
GW01606481
ISLA DE LA LUNA

Princesas
del Reino de la
Fantasía

2

Textos de Tea Stilton
Inspirado en una idea original de Elisabetta Dami
Diseño original de Silvia Bigolin
Ilustraciones del texto de Silvia Bigolin
Ilustraciones de «Los secretos de Kalea» de Silvia Fusetti, *con la colaboración de* Silvia Bigolin
Mapa de Carla De Bernardi
Cubierta de Iacopo Bruno
Ilustraciones de interior de sobrecubierta de Silvia Bigolin *y* Stefano Scagni
Gráficos de Marta Lorini

Título original: *Principessa dei coralli*
© de la traducción: Helena Aguilà, 2011

Destino Infantil y Juvenil
infoinfantilyjuvenil@planeta.es
www.planetadelibrosinfantilyjuvenil.com
www.planetadelibros.com
Editado por Editorial Planeta, S. A.

© 2009 - Edizioni Piemme S.p.A., Corso Como 15 - 20154 Milán - Italia
www.geronimostilton.com
© 2011 de la edición en lengua española: Editorial Planeta, S. A.
Avda. Diagonal, 662-664, 08034 Barcelona
Derechos internacionales © Atlantyca S.p.A., via Leopardi 8 - 20123 Milán - Italia
foreignrights@atlantyca.it / www.atlantyca.com

Primera edición: mayo de 2011
Octava impresión: febrero de 2015
ISBN: 978-84-08-10011-9
Depósito legal: B. 716-2012
Impresión y encuadernación: Liberdúplex, S. L.
Impreso en España - Printed in Spain

El papel utilizado para la impresión de este libro es cien por cien libre de cloro y está calificado como **papel ecológico**.

Tea Stilton

PRINCESA de los CORALES

DESTINO

Personajes

PRINCESA KALEA

Es la princesa del Reino de los Corales. Dulce e ingenua, suele encariñarse con quienes fingen ser sus amigos.

PUROTU Y NAEHU

Los hermanastros de Kalea. Son casi idénticos físicamente, pero muy distintos en carácter. Quieren muchísimo a la Princesa de los Corales.

TIARÉ

Es la jardinera de la corte, y la mejor amiga de Kalea. Cuida del laberinto de setos que rodea Flordeolvido.

EMIRI

El cocinero de la corte. Es un hombre alto y robusto, de ojos dulces y bondadosos. Sus pinches son cuatro loros capaces de triturar cualquier cosa.

Kaliq Zaba

Es un misterioso joven procedente del lejano Reino del Desierto. Estudia las plantas y le encanta el mar. Un día, naufraga inesperadamente en Flordeolvido.

García

Es la orca real de Flordeolvido, inseparable compañera de las inmersiones submarinas de Kalea. Juntas nadan incansablemente.

Moea

Es la farera del Reino de los Corales, y le da a Kalea consejos muy sensatos. La princesa la considera como una madre.

El curandero

Es el curandero del Reino de los Corales. Conoce todos los secretos de los remedios y las hierbas medicinales. Es el sabio del reino.

Aquí estamos.

Tras navegar por el Mar de las Travesías, hemos llegado al Reino de los Corales. Cientos de atolones, algunos de ellos diminutos, rodean las tres islas más grandes. ¿Las veis? Están una junto a otra. La más extensa de todas es la Isla del Sol; con sus dunas y palmeras recuerda un pastel lleno de velas.

En el centro, está la Isla de la Luna, con arrecifes y un faro sobre el acantilado. Esta isla es muy peculiar, más adelante ya os diré por qué.

Prosiguiendo hacia el sur, encontramos las Isla de las Estrellas, donde está el palacio de Flordeolvido, donde comienza nuestra historia. En él vive la princesa Kalea, con sus hermanos y su corte. El palacio tiene un frondoso jardín, protegido por unos setos muy especiales... que forman un auténtico laberinto. ¿Para qué sirve un laberinto? ¿Quizá para ocultar un tesoro? En este laberinto hay dos, pero no se os ocurra buscarlos solos, porque, si entráis ahí, salir os resultará muy difícil.

Lo sé, sentís una gran curiosidad, pero creo que debéis esperar un poco antes de perderos en el laberinto, porque nuestra historia empieza en otro sitio. Tened paciencia, leed con suma atención y descubriréis todas las pistas antes de que el viento las borre.

Y... si por casualidad encontráis extraños poemas escritos en la arena, leedlos rápidamente y conservadlos luego en la memoria, antes de que el viento también se los lleve. Un día, quien los ha escrito será un gran poeta. ¿De quién estoy hablando?

Lo averiguaréis al leer esta historia. De momento, preparaos para emprender este nuevo viaje al Reino de la Fantasía.

¡Kalea y su corte os esperan!

Tea Stilton

Primera parte

1
El buscador de algas

El océano estaba en calma, tranquilo, un espejo que reflejaba las primeras luces del alba. Más abajo, en las profundidades, un joven nadaba, ágil como un pez. Su cuerpo esbelto y ligero se deslizaba entre las rocas, en una dirección concreta. Subió varias veces a tomar aire, respirando hondo y llenándose los pulmones antes de volver a sumergirse.

El fondo del mar era rocoso, y en él se veían peces y plantas multicolores. La barrera de coral albergaba un mundo variopinto, lleno de vida y de secretos. El chico nadó entre bancos de peces diminutos y grandes, que formaban ante él insólitas figuras plateadas: un rostro sonriente, una caracola, una anémona. Al verlo llegar,

un pez grande y amarillo intentó esconderse en una alfombra de algas pardas, altas como árboles, pero el joven no estaba interesado en él.

Nadando sin detenerse, se abrió paso entre la exuberante vegetación hasta llegar a la roca que lo separaba de Pietralga, la ciudad sumergida.

Ésta, rodeada de corales, parecía no terminar nunca. En el fondo se veían estatuas de mujeres con vestidos largos y drapeados, guerreros con yelmo y escudo, águilas y dragones marinos. También había palacios en ruinas, cuyos mármoles aún brillaban. Y columnas de templos cubiertos de una fina capa verde que ocultaba su majestuosidad.

El chico nadó sorteando restos apilados como fichas de dominó, y se detuvo frente a la entrada de un edificio intacto. Veloz como una anguila, cruzó el portalón, que sólo conservaba una de las hojas de hierro macizo.

Detrás del arquitrabe, decorado con hojas de parra y frutas se extendía una sala enorme, rodeada de columnas. Los pulmones le empezaban a arder, pero atravesó rápidamente la estancia y siguió nadando por un largo pasillo que se ramificaba hasta formar un laberinto.

Finalmente, llegó a una pequeña explanada cuadrada, con macizas losas de mármol. Entre éstas, despuntaba

una pequeña planta de algas rojas. La mirada del joven se iluminó al verla. Sacó un cuchillo de su cinto de piel y, con infinita delicadeza, cortó algunas hojas. Luego cerró los ojos un instante y murmuró para sus adentros una oración de agradecimiento.

A continuación, con las hojas de alga en la mano y los pulmones a punto de estallar, deshizo el camino y volvió por donde había venido. Dejó atrás la ciudad sumergida de Pietralga y subió de prisa a la superficie.

Por fin pudo respirar. Miró dónde estaba su barca, se zambulló de nuevo y dejó que lo llevara la corriente. Cuando estuvo bajo la sombra de su pequeño bote,

salió del agua, se agarró al borde de la embarcación y se subió a ella.

Sus movimientos eran ágiles y rápidos. Tenía un físico esbelto y musculoso y en su piel bronceada brillaban gotas de sudor. Se detuvo un instante a descansar. Su respiración jadeante se fue aquietando y, cuando sus latidos retomaron el ritmo normal, recogió el ancla, agarró el remo y dirigió la barca en la dirección del sol. Sus ojos oscuros contemplaban el amanecer, su momento del día preferido. El horizonte se tiñó de oro.

Se sentía especialmente conmovido. Era el alba de un gran día, el de la competición más importante de las islas: la captura del Pez de Oro. Y él, Purotu, estaba decidido a ganar.

2 La princesa Kalea

Purotu recorrió a buen paso la larga avenida de palmeras que conducía a la entrada del palacio del Reino de los Corales, un imponente portalón rojo coral, con adornos en relieve, flanqueado por dos jarrones enormes de hibiscos naranja. El palacio se llamaba Flordeolvido, un nombre melancólico que había elegido el Rey Sabio, padre de Kalea, la actual princesa del Reino de los Corales.

Muchos años atrás, el Rey Sabio había ordenado que plantaran unos setos de protección alrededor del palacio. Unos setos distintos de los demás, pues sólo tenían flores y, además, habían crecido formando un intrincado laberinto. Algunas flores desprendían un aroma em-

briagador, capaz de marear y hacer perder el sentido a cualquier visita indeseada. Se decía que los setos decidían a quién dejaban pasar y a quién rechazaban, aturdiéndolo con el olor.

Seguro que sólo era una leyenda, pues, ¿cómo iban a tener unas flores poder de decisión? Pero Purotu formaba parte de la corte y no tenía nada que temer.

Los setos aparecían en seguida, tras la avenida de las palmeras, con su aroma dulce e intenso... y nada más.

En cuanto cruzó la puerta de coral, Purotu vio a la princesa Kalea a unos pasos de él.

—¡Purotu!

—Kalea...

—¡Menos mal que has llegado! —sonrió ella, acercándose—. Empezaba a preocuparme.

Él también sonrió. La princesa acababa de despertarse, pero tenía el rostro fresco y radiante. Los indomables rizos de su melena pelirroja suscitaban simpatía nada más verlos. Sus ojos verdes, luminosos como piedras preciosas, y su sonrisa dulce y acariciadora transmitían una alegría contagiosa.

—Hoy has madrugado —comentó Purotu. Su traje de hojas de alga aún goteaba agua de mar.

—Estaba preocupada por ti, hermanito.

Él frunció el cejo por encima de su nariz larga y afilada.

—Hermano —puntualizó, irónico—. Ya sabes que no me gusta que me llames así... hermanita.

—Quisquilloso —contestó Kalea, divertida—. Eres un quisquilloso.

Sabía que Purotu se consideraba un adulto, un papel muy importante en un reino como el de las islas, sin rey.

—¿Has encontrado el alga? —le preguntó.

Sin decir nada, él abrió el puño izquierdo y le mostró las preciosas hojas de alga roja.

—¡Lo has conseguido! —exclamó Kalea.

—¿Acaso lo dudabas?

—No, ¡claro que no!

—Ahora estás más tranquila, ¿no es cierto?

Kalea le guiñó un ojo.

—Di la verdad, hermanita... estabas más preocupada por saber si iba a encontrar algas para el cebo del Pez de Oro que por mí.

—Pero ¿qué dices, Purotu? —rió ella—. ¡Estaba preocupada por ti! Pero, por suerte, además de volver sano y salvo, has encontrado el alga, así que ¡ya puedo ir a vestirme como le corresponde a una princesa!

—No creo una palabra de lo que has dicho.

—Ése es tu problema, hermanito.

—Eres lo que no hay.

—¡Mira quién habla!

Los dos hermanos siguieron discutiendo a voces mientras se separaban. Kalea y Purotu tenían caracteres fuertes y resueltos. A veces se peleaban, pero casi siempre lo hacían en tono de broma.

Ella se dirigió a sus habitaciones, en el ala sur del palacio, y él fue hacia la cocina.

~*~

El palacio de Flordeolvido había sido construido muchos años atrás con idea de que fuese un lugar en perfecta armonía con la naturaleza que lo rodeaba. Estaba lleno de espacios abiertos y de pórticos, y desde todas las estancias se veía el mar. La Sala del Trono también se encontraba al aire libre. El trono estaba construido con piedras de los grandes arrecifes del Mar de las Travesías, y rodeado de soportales y de un jardín. Los dormitorios estaban orientados al sur, la zona más soleada y cálida durante la estación húmeda, y los salones y la cocina al norte, la

parte más ventosa, con unas vistas espectaculares al resto de islas.

Emiri, el cocinero de la corte, se hallaba en la cocina, ante una montaña de jugosas frutas por trocear para preparar la macedonia que desayunaba la princesa cada mañana.

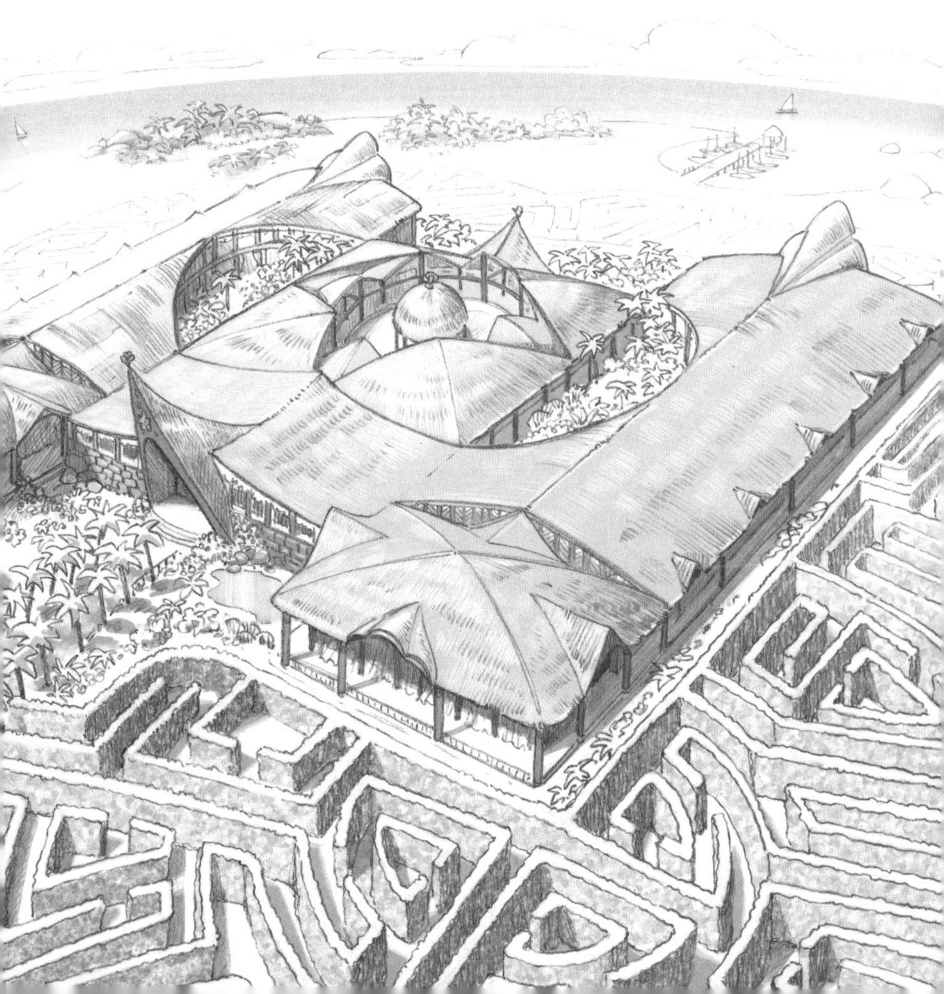

Era un hombre enorme, alto y obeso, con unas manos tan grandes que en la palma le cabía un coco entero. Sus ojos también eran grandes, bondadosos y claros, y su caldo de pescado, famoso. Al menos eso era lo que él decía siempre.

—Buenos días, Emiri —lo saludó Purotu.

—Buenos días, chico. Perdona, pero hoy no puedo entretenerme con nadie. Voy con retraso, con muchísimo retraso... —Luego se volvió hacia sus pinches, cuatro loritos azules fieles y trabajadores—. ¡Daos prisa con esos pistachos! ¡Tienen que quedar muy finos!

Los loros empezaron a triturarlos con sus picos amarillos y afilados, difundiendo por la cocina un rítmico sonido de cáscaras partidas a gran velocidad.

Pero los ayudantes de Emiri no eran lo más sorprendente de la cocina de palacio. Más asombrosa aún era la gracia que tenía el cocinero para elaborar platos refinados con sus dedos enormes y su aspecto tosco.

Purotu se fue a un rincón, lejos del hombre y sus loros triturapistachos, buscó un cuenco grande y empezó a preparar en él una complicada masa, a la que, en el último instante, añadió las hojas de alga roja que había recogido en Pietralga. Sus gestos eran precisos y cuidadosos, como si se tratase de un ritual.

Le habían encargado que preparase el cebo para el Pez de Oro, y debía asegurarse de que éste fuera el adecuado. Así, una vez capturado, el animal gozaría de buena salud durante su año de vida. El chico desmenuzó con paciencia el alga roja, hasta que quedó perfecta.

3
Naehu

Naehu también se había despertado temprano, y se dirigía a la cocina de palacio. Él no iba a participar en la competición. Todas sus tentativas anteriores de pescar el Pez de Oro habían fracasado estrepitosamente. Una sola vez, un pez cualquiera cayó en su red por pura casualidad. Con todo, estaba emocionado por el extraordinario acontecimiento, y pensaba contribuir a su manera, pues Naehu era poeta.

Lo sabía de siempre, aunque no se había atrevido a leer públicamente sus poemas hasta hacía unos meses. Purotu y él eran gemelos, pero, a diferencia de su hermano, Naehu tenía un temperamento reservado y tranquilo, y no le gustaban la fama ni la popularidad. Puro-

tu era impulsivo y valiente, le gustaban la pesca y el mar; en cambio, Naehu era meditabundo y plácido, y prefería pasar las horas leyendo y escribiendo poesía. Nadie sabía con exactitud qué edad tenían; aparentaban unos trece, como máximo catorce años. Cuando eran bebés, los encontraron en una barca, en el océano, junto a la Isla de la Luna. Según se decía, eran los únicos supervivientes de una batalla naval, o de un naufragio, o tal vez fuesen hijos del mar. Nadie lo sabía. Los chicos habían crecido en palacio, como hermanos de la princesa Kalea.

—Buenos días, Emiri, buenos días, hermano —saludó Naehu al entrar en la cocina, con un libro y su inseparable cuaderno de poemas bajo el brazo.

—¡Oh, no, chico! —se lamentó el cocinero, un poco histérico—. Hoy tengo mucho trabajo. Déjame tranquilo, si puedes... ¡y no distraigas a mis loros!

Él sonrió, cohibido aunque sin ofenderse. Conocía el carácter brusco de Emiri, y había aprendido a no hacerle mucho caso. Se dirigió a su hermano, cuidando de no tocar nada. Purotu apenas levantó la vista de la mesa donde trabajaba.

—¡Naehu! ¡Hola!

Aquel día, como de costumbre, el chico vestía de forma impecable y elegante: una túnica de seda azul y un echarpe oscuro. Su piel olía a incienso y vainilla, y era mucho más clara que la de su hermano, lo que resaltaba aún más la profundidad de sus ojos oscuros y su mirada tranquila e intensa.

—¿Ya estás preparándolo? —preguntó, mirando con cierta aprensión la masa del cuenco.

—Casi he terminado.

—Siento no haberte ayudado este año tampoco. Pero si puedo hacer algo...

—No, no te preocupes —respondió Purotu, sonriendo, y adelantó las manos para impedirle tocar nada. Y es que Naehu era famoso por su falta de habilidad para las cosas prácticas—. Supongo que el poema que has escrito para la celebración me recompensará el esfuerzo.

—Espero que te guste.

—Le gustará a todo el mundo, ya lo verás. Y ahora, si me disculpas, voy por harina.

Naehu retrocedió torpemente, y chocó con Emiri.

—¡Fuera, fuera, fuera! —rugió el cocinero, con la macedonia haciendo equilibrios sobre una hoja seca de plátano—. ¡Déjame trabajar!

El chico se pegó a la pared, con la esperanza de que lo ignorasen.

—¿Kalea está despierta? —le preguntó a su hermano.

—Sí, acabo de verla. Estaba preocupada por mí.

—Siempre está preocupada por ti.

—También podría estarlo por ti, hermanito.

—No soy yo quien le da quebraderos de cabeza y se sumerge en las ruinas de Pietralga —le recordó Naehu, casi en tono de reproche.

Purotu lo escuchaba con paciencia mientras cortaba una fruta y la añadía a la masa. No era la primera vez que su hermano expresaba su deseo de que Kalea le prestara atención.

—La verdad es que la princesa siempre sufre por nosotros —continuó Naehu—. Juega a hacer de hermana mayor, como si nos hiciera falta su ayuda para...

—¿Puedes apartarte dc ahí? —lo interrumpió Emiri—. ¡Necesito nácar picado!

—Ah, perdona —dijo el chico, y se hizo a un lado.

—¡Marchaos de aquí! —gritó el cocinero—. ¡Los filetes de pescado necesitan aire!

Purotu se echó a reír, mientras que Naehu optaba por una digna retirada.

—Creo que... me voy a leer al jardín —balbuceó.

—Muy bien. Iré a buscarte cuando termine —dijo su hermano.

«Claro —pensó él—, cuanto termines de mezclar algas, harina y fruta para esa masa apestosa.» Se dirigió al pasillo principal. Las paredes del palacio eran de paja trenzada, con estacas de madera colocadas a intervalos regulares para sostener el peso. Estatuas de madera y arena solidificada flanqueaban el camino como guardianes silenciosos. Por todas partes había jarrones de cerámica decorados con flores secas de vivos colores. Un vaivén de súbditos y personal de servicio trabajaba para que la fiesta fuese un éxito.

Naehu cruzó rápidamente la Sala del Trono

y se dirigió a buen paso al jardín. Al llegar allí, respiró hondo y con calma, disfrutando del aroma embriagador del laberinto, que lo envolvió como un abrazo. Le encantaba esa sensación. En Flordeolvido, se sentía más en casa que en ningún otro lugar del mundo, aunque, en días como aquél, no lograse dar con su sitio. Uno donde poder sentirse tranquilo y ser él mismo. El bullicio general había contagiado a las palmeras, que se agitaban ruidosamente con cada ráfaga de viento. Naehu suspiró, se tumbó a la sombra, y releyó el poema que había escrito para la competición. Susurró las palabras, como si el viento pudiese transportarlas hasta el mar. Quién sabía adónde llegarían...

4
La competición de pesca

Kalea se puso su traje preferido: una falda larga de algas marinas prensadas, decorada con perlas y conchas diminutas que tintineaban a cada paso. En la cintura llevaba conchas más grandes, de color blanco, y el corpiño estaba hecho con un fino encaje de flores trenzadas. El pasador, en forma de concha rosada, resaltaba como engastada entre sus preciosos bucles pelirrojos.

Llegaba tarde, y salió de su habitación a toda prisa.

En el Salón del Trono, *Ina*, la lagartija más grande del reino, encogió la cola e inclinó la cabeza en señal de respeto. Y lo mismo hicieron las demás fieles lagartijas a su servicio. La primera era la responsable

de la limpieza de la corte, y las otras sus ayudantes. Limpiaban los rincones más escondidos, incluso en el techo, pues subían por todas las paredes. Al verlas tan rígidas y formales, Kalea no pudo reprimir una sonrisa.

—¡Descansad! Relajaos —les pidió—. ¿Habéis visto a mis hermanos?

Ina se deslizó hacia ella y, volviendo el cuello con gesto elegante, señaló con la cabeza en dirección al jar-

dín, al que Purotu había salido con un gran cuenco al hombro. Naehu estaba junto a una de las entradas del laberinto de flores.

—¡Chicos, démonos prisa! —gritó—. ¿Está todo listo?

Purotu frunció la nariz.

—¿Qué pasa? —preguntó ella.

—Que esta masa no es tan buena como la de otros años. Creo que el alga roja no está en su mejor momento...

Por un instante, los ojos de Kalea se apagaron, aunque pronto recuperó la sonrisa.

—No te preocupes. Todo irá bien, como siempre.

—Así lo espero.

Los dos hermanos intercambiaron una mirada.

—¿Nos vamos?

—Estás espléndida, Kalea —se atrevió a decir Naehu a media voz.

—Gracias, Naehu —respondió la chica, y lo tomó del brazo—, eres muy amable. Tu novia será una chica muy afortunada. Y ahora, ¡vamos! Llegamos tarde. Nos esperan en la Playa Dorada.

Purotu cogió del suelo un recipiente muy voluminoso.

—¿Eso qué es? —preguntó Kalea con curiosidad.

—Aquí dentro van partes de una caña de pescar espe-

cial que me he fabricado para la competición. Durante seis días, dejé macerar una corteza de palmera en agua del lago de la Isla de la Luna, y luego la he dejado secar diez días más. Por último, he limado el anzuelo para que no hiera al pez.

—Buena idea. ¿Y dónde está esa caña tan especial?

—La verás dentro de un rato, en la competición. Es una sorpresa —respondió él, misterioso—. Está en la Playa Dorada, en mi barca.

Kalea sonrió, apretó más fuerte el brazo de Naehu y se encaminó hacia la avenida de las palmeras.

Llegaron a un pequeño puerto en el que aún había pocas piraguas atracadas, aunque la de la princesa Kalea ya estaba allí. Dos pescadores los esperaban a ella y a sus hermanastros. En el puente, una chica de larga y oscura melena trenzaba una corona de flores.

Era Tiaré, jardinera de la corte y la mejor amiga de la princesa. En Flordeolvido y en todo el Reino de los Corales, la llamaban la chica de las flores.

—Tiaré, ¡qué maravilla! —exclamó Kalea, acercándose a ella mientras la joven, con dedos rápidos y firmes, iba trenzando los tallos cuidadosamente, sin rozar los pétalos de las delicadas flores, que formaban una nube suave y perfumada.

—Buenos días, princesa —la saludó. Y, con la misma suavidad, dejó la corona en el suelo e hizo una reverencia.

—El ganador de la competición se sentirá muy honrado al poder ponerse esta corona tan bonita —dijo Kalea.

—Qué buena sois, princesa —se lo agradeció la chica, tímidamente.

Tiaré tenía una sensibilidad especial para las plantas, y sabía crear composiciones florales de inusitada belleza. Era capaz de reconocer cualquier flor sólo oliéndola, y podía orientarse en el laberinto sin equivocarse nunca, porque lo había hecho ella, siguiendo el proyecto del Rey Sabio.

Además, la joven creaba esencias perfumadas que guardaba con sumo cuidado en pequeños frascos de coco y plátano trenzado que tenía en su habitación. Sus perfumes eran famosos en todo el reino. Los había de varios tipos: suaves, intensos o vaporosos. Su imaginación no tenía límites.

—Perdona, Tiaré, pero nos tenemos que ir corriendo —se disculpó Kalea—. Llegamos tarde, ¡y nos esperan en la playa!

La jardinera sonrió, y esperó tranquila a que la princesa y los dos chicos se alejaran. Cuando los vio desa-

parecer junto con su aroma, se encaminó al jardín. En el aire, habían dejado la emoción de sus sentimientos, el entusiasmo y la tensión de aquel día. Tiaré había aprendido a fiarse de los distintos olores, fragancias y matices que flotaban en el aire. Una habilidad que la mayoría de las personas ya no tenía.

5
Una mala pasada

Tal como habían imaginado, la Isla del Sol, la más grande y arenosa del reino, estaba abarrotada.

La princesa Kalea llegó a bordo de la piragua real, una larga embarcación hecha con un grueso tronco de palmera.

Como mandaba la tradición, en la misma había pintadas escenas de pesca con los colores del reino, rojo y azul. La proa era dorada, como las escamas del Pez de Oro. Kalea iba sentada en el centro, entre sus hermanos, rodeada del mar resplandeciente y escoltada por *García* y sus orcas guardianas. *García* era un orca preciosa de más de cinco metros de largo, de cuerpo brillante y ne-

gro. Para el Reino de los Corales, el Rey Sabio, padre de Kalea, había elegido a *García* y sus orcas más fieles como guardia personal de la princesa.

Ésta llegó a la playa como una flor transportada por la corriente. Su pueblo, allí reunido, la miraba con admiración. Kalea bajó de la piragua con la ayuda de algunos pescadores, y se encaminó al centro de la playa, donde había una tarima de madera. Las palmeras ondeaban a merced de la brisa, y formaban una columnata natural que separaba mar y tierra.

Una mala pasada

Las olas claras volvían plácidamente a la orilla. Las embarcaciones estaban en la arena, listas para la competición.

Todo era perfecto.

Mientras Kalea se acercaba, el murmullo de los habitantes del reino se fue apagando, y mil rostros observaron expectantes los gestos de su princesa. Esperaban que ésta diera la señal para empezar el concurso.

En ese instante, Purotu exclamó:

—¡Mi caña de pescar no está en mi barca! ¡Me la han robado!

—¿Estás seguro? —le preguntó su hermana.

—Puedes verlo tú misma, la piragua está vacía.

—Puede que alguien la haya guardado en otro sitio.

Los demás pescadores se miraron unos a otros, muy sorprendidos, y empezaron a murmurar entre ellos. Kalea puso una mano en el hombro de Purotu, y le susurró:

—¿Crees que alguien te la ha robado?

—Estoy convencido.

—¿Y por qué lo habrá hecho?

—Para eliminarme, puede ser. No tengo tiempo de fabricarme otra caña, o sea que no podré participar en la competición.

Y, rabioso, dio un puntapié en la arena.

—Tomad mi sedal —dijo un viejo pescador, y le tendió al chico hilo de pesca enrollado en un viejo carrete de bambú.

—Oh, no —contestó Purotu dando un paso atrás—. No puedo aceptarlo.

—¿Por qué no? —El viejo pescador esbozó una sonrisa desdentada.

—Y... ¿vos qué haréis?

—Hace muchos años que participo en la competición y nunca he capturado el Pez de Oro —dijo el viejo, encogiéndose de hombros—. Si os doy mi sedal, puede que vos lo uséis mejor.

Kalea miró al viejo pescador y comprendió que era un súbdito leal.

—Un gesto muy amable de vuestra parte —le dijo—. Vos y vuestra familia seréis nuestros invitados en la mesa real.

—Gracias, princesa, allí estaremos —respondió el hombre, e hizo una reverencia. Luego, volvió a su sitio sin sedal, pero con el corazón henchido de emoción.

Purotu no sabía qué decir. Se subió a su piragua y dejó en el suelo el recipiente con la masa.

Mientras, Kalea subió a la tarima y alzó una mano.

Una mala pasada

La brisa marina le revolvió el pelo, y las conchas de su falda tintinearon.

Las sirenas del faro de la Isla de la Luna empezaron a interpretar una melodía aguda y desafinada, aunque, sin duda, la farera pretendía que sonara festiva.

La joven reprimió una carcajada. «¿Cuándo aprenderá Moea a interpretar una melodía decente?», pensó, mientras las estridentes notas se difundían en el aire.

Cuando el desastre musical terminó, Naehu se aclaró la voz y, tras un momento de indecisión, recitó su poema.

Pez de Oro de las profundidades,
sagrado en nuestros lares,
eres la vida de esta gente,
que te ruega serenamente:

Dale al pueblo una medicina
para evitar toda enfermedad y ruina.
Ven rápido a tu hogar,
donde alegrías vas a dar,
y no vivas como un sacrificio
lo que es un signo de buen auspicio.

Todos los pescadores escucharon en silencio. Luego, cuando Naehu alzó la mirada en busca de la aprobación de Kalea, ésta le guiñó un ojo con gesto de complicidad.

El horizonte se tiñó de nubes color índigo.

Un pescador miró al cielo: un viento extraño se acercaba desde el este.

6

El viento

alea observó el mar con la vista perdida en el horizonte. El viento agitaba su cabello, sujeto con un pasador.

Tenía los ojos más brillantes de lo habitual, y una sonrisa tan alegre que parecía querer abrazar a todos sus súbditos.

—Mi querido pueblo —empezó a decir la princesa—. Una vez más ha llegado el momento de la pesca más importante del año. Anoche, avistaron a los Peces de Oro en alta mar, junto a la Isla de las Estrellas. Como se viene haciendo desde hace muchos años, vuestro cometido es capturar uno, por el bien de nuestra gente y por el bien de los peces. El primero que vea un

Pez de Oro en su red, o colgado de su anzuelo, debe tocar en seguida el cuerno de concha que hay en cada barca, para avisar a los demás. Como cada año, el ganador tendrá el honor de llevar el Pez de Oro al Acuario de Flordeolvido, donde vivirá hasta la próxima pesca.

Todos los presentes lanzaron gritos de júbilo.

El Acuario era una gran pecera situada en una amplia sala. Durante un año, el Maestro del Pez de Oro cuidaría y alimentaría al pez, y recogería el agua curativa de la pecera, que se usaba como medicina contra todas las enfermedades.

El Pez de Oro los curaría a todos, y el afortunado que lo capturase sin herirlo, viviría en la corte durante un año.

En el aire templado de la playa, resonaron aplausos y gritos de aclamación.

La princesa concluyó su discurso con sus mejores deseos:

—Que la suerte os acompañe a todos. No sólo a quien capture el Pez de Oro. También a todas las familias reunidas aquí en la playa. ¡Que empiece la pesca!

Los pescadores y sus familias aplaudieron y gritaron:

—¡Viva la princesa Kalea!

Los participantes, silenciosos y en orden, se pusieron en fila, cada uno con una cuerda de palmera trenzada en una mano y un pequeño recipiente de cáscara de coco en la otra.

Esperaban a que Kalea les diera un poco de la masa de algas rojas que Purotu había preparado por la mañana. Desde tiempos inmemoriales, se sabía que aquella receta, transmitida de Maestro a Maestro, era el único cebo capaz de atraer a un Pez de Oro.

Con sus recipientes de coco llenos, los pescadores se dirigían a sus embarcaciones, dispuestos a adentrarse en alta mar en busca del pez.

Cuando el último hombre subió a su piragua, Kalea observó de nuevo el sol. Los pescadores aguardaban, pues sabían que debían esperar el momento más oportuno.

En el instante exacto en que el sol estuvo directamente sobre sus cabezas, la princesa abrió los brazos, como si quisiera abarcar el mar inmenso, y gritó:

—¡En marcha, pescadores! Ha llegado el momento. Id con mi bendición, ¡y volved con el Pez de Oro!

Las piraguas hendían a toda velocidad la superficie del agua, como cuchillas afiladas sobre la madera. Los remos entraban y salían a ambos lados de las embarcaciones con una simetría armoniosa.

Ya lejos de la orilla, se separaron, dispersándose por el mar como una extraña constelación. Los participantes hicieron una bolita con la masa de algas y la pegaron en sus anzuelos de madera. Después, lanzaron los sedales al agua y esperaron. Cada uno podía usar la caña que quisiera, pero ésta no debía llevar ganchos ni anzuelos afilados, para no herir a los Peces de Oro.

La espera era increíblemente silenciosa. Solamente se oían el viento del este y el choque de las olas contra las piraguas.

Las personas que se habían quedado en la Isla del Sol estaban absolutamente pendientes de la competición.

Purotu, en equilibrio sobre su barca, sujetaba con firmeza el sedal que le había dado el viejo pescador, sin dejar de pensar en la caña que había fabricado durante los últimos meses para el concurso.

Estaba seguro de que, con la caña, el Pez de Oro habría mordido su anzuelo, pero ahora... ¿cómo podía saberlo? Todo se había complicado. ¿Había sido objeto de una broma? ¿O acaso un ladrón desconocido y malvado quería capturar el Pez de Oro?

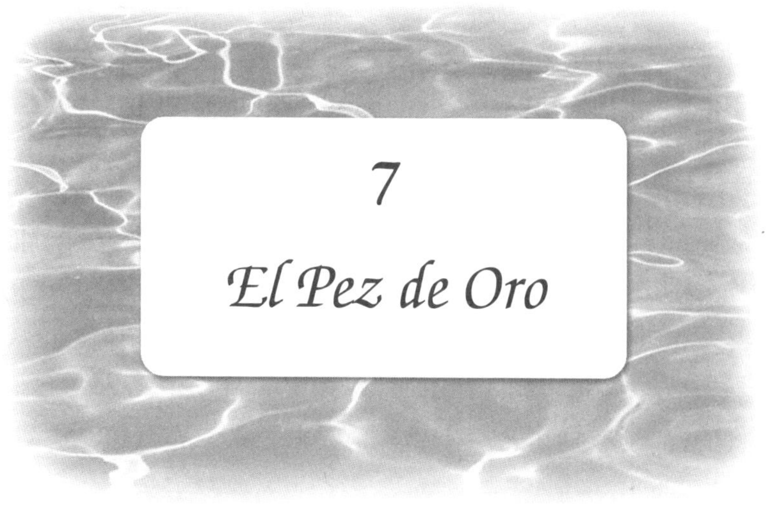

7
El Pez de Oro

Kalea observaba con atención las piraguas de los pescadores, y su mirada pasaba de una a otra con gran rapidez. Le encantaba el concurso del Pez de Oro, sobre todo por su significado profundo: la relación de perfecta armonía que los habitantes de las islas mantenían con el mar.

—Esperemos que este año el Pez de Oro no nos abandone —dijo el viejo pescador que le había dado su sedal a Purotu.

Se llamaba Toanui, y estaba de pie en la playa, a escasos metros de la princesa.

—¿Por qué habría de hacerlo?

—Porque es algo que ya ocurrió hace mucho tiempo.

Kalea asintió. Lo sabía. Lo había leído en los anales del reino, que estaban en el faro de la Isla de la Luna. Durante la larga guerra que su padre libró contra el Viejo Rey, el Pez de Oro había dejado de migrar a la Isla del Sol, y, durante años, la población del Reino de los Corales se había quedado sin remedios curativos.

Pero de eso hacía mucho tiempo. Ahora reinaban la paz y la armonía, y el Pez de Oro volvía a nadar en aquellas aguas.

—Según dicen, llegará un día en que el pez no se dejará pescar —insistió el viejo pescador, meditabundo.

—Pues yo creo, Toanui, que ese día aún está muy lejos. Mientras en nuestro reino haya paz y justicia... él no nos abandonará.

—Paz y justicia, princesa. ¿Creéis que el mar sabe lo que son?

—El mar lo sabe todo —replicó ella—. Somos nosotros quienes no sabemos lo bastante.

—A veces habláis como vuestro padre, princesa.

—Y tú como alguien que lo conoció bien.

—Pescaba para él. Empecé a salir en piragua antes de que se usaran anzuelos redondeados, de madera o de concha, para no herir al pez. Vuestro padre quería que todos utilizaran una red.

El viejo pescador rió, y agitó los brazos en el aire, como si lanzara una red.

—Lo más difícil era echarla al agua antes de que el pez huyera. ¡Yo lo he visto nadar libre en el mar!

—¿Y cómo es?

—Un espectáculo de luces, princesa. Un maravilloso espectáculo de luces. Es como el Pez de Oro que tenemos en el Acuario —rió el anciano, bromeando—, pero mucho más rápido.

—A mi padre también le encantaba pescar... —dijo la princesa Kalea.

—Es verdad.

—... y siempre decía que un buen pescador debe tener dos cualidades: intuición y paciencia.

—Vuestro padre era un rey que quería a su pueblo. Y, antes de tomar decisiones, se informaba de todo.

«Sí, sus decisiones», se dijo ella, poniéndose seria de repente. Pensó en el Gran Reino dividido en cinco reinos pequeños, en sus desaparecidos padres, en sus hermanas, a las que no veía desde hacia mucho tiempo (y tenía órdenes de no verlas ni hablar con ellas bajo ningún concepto). Se preguntó si las decisiones de su padre habían sido justas. Si el Rey Sabio lo había meditado bien antes de separarlas para siempre... De

pronto, un tañido interrumpió sus pensamientos, un sonido melodioso e inconfundible, que venía de las piraguas.

—¡Je, je! —rió el viejo pescador, olfateando el aire cargado de sal—. ¡Lo han pescado!

—¡Ya está! —exclamó Kalea, mirando hacia el mar.

—Paz y justicia, princesa —susurró el viejo pescador, con su sonrisa sin dientes.

Purotu, inmóvil y con los brazos rígidos, miraba el sedal que había lanzado al agua, dispuesto a reaccionar ante la más mínima vibración. Pero no se movía nada de nada. El mar parecía denso, como si fuera tinta. Cuando oyó la señal de que tenían al pez, sintió un dolor agudo, como si lo hubiesen herido con una flecha.

Lo habían capturado desde una piragua que estaba muy cerca de la suya.

—¡Lo he pescado! —gritaba un hombre, desbordante de alegría—. ¡Lo he pescado! ¡Está aquí!

Y, entre una exclamación y otra, soplaba en el cuerno de concha. El hombre estaba de pie en la barca, que ondeaba por el peso del pez. Su larga caña brillaba, mojada, y el casco de la embarcación resistía las vigorosas embestidas del animal. Éste saltaba y se retorcía entre reflejos dorados.

—¡Eh! —exclamó Purotu.

No cabía duda, era el Pez de Oro. ¡Y aquélla era su caña!

Varias trompetas respondieron a la llamada del pescador. La superficie de las olas propagó su tañido vibrante, y quinientas piraguas se movieron a la vez.

—¡No hay tiempo que perder! —gritó alguien—. ¡Vamos a llevarlo al Acuario!

—¡Rápido! ¡A la pecera de Flordeolvido!

—¡Todos a la Isla de las Estrellas!

—¡A Flordeolvido!

—¡Eh! ¡Ésa es mi caña! —dijo Purotu, señalando al hombre que había capturado el Pez de Oro.

Pero era inútil. En ese momento, nadie lo escuchaba... ¡todos estaban en pleno frenesí!

El chico se mordió el labio y luego recuperó su sedal.

—¿Dónde está el Maestro del Pez? ¡Llamadlo en seguida!

—¡En el Acuario! —gritaron todos a coro, y guardaron en las barcas sus redes, cañas y otros utensilios de pesca. Entonces, pusieron rumbo a la Isla de las Estrellas, donde estaba Flordeolvido.

Purotu se sentó a los remos, con el cejo fruncido, y observó al que había cogido el pez. Estaba de pie en su piragua, como si no diera crédito a lo sucedido.

—¡Muévete! —le gritaron todos sus amigos, riendo—. ¡Rema de una vez!

Pero el hombre seguía allí quieto, loco de alegría.

Mientras, Purotu se preguntaba si aquel pescador le había robado la caña de pescar o si la había cogido por error.

Pasó por delante de su piragua y lo miró bien. No lo conocía, nunca lo había visto en las islas. Pensó entonces que iba a vivir un año en el palacio real. Luego apartó ese pensamiento de su mente y le gritó:

—¿Vas a llevar el Pez de Oro al Acuario o te lo vas a quedar?

El pescador sonrió y, sin perder de vista al pez, se arrodilló en la embarcación y empezó a remar. Purotu lo siguió, junto con cientos de piraguas más en pleno ambiente festivo.

8
Una alarma imprevista

Una vez capturado el Pez de Oro, debían llevarlo a la pecera del Acuario lo antes posible, pues no podía estar mucho rato fuera del agua. El hecho de transportarlo con rapidez también formaba parte del ritual de la pesca. Las personas que se habían quedado en la playa de la Isla del Sol empujaron entonces hacia el mar sus embarcaciones; muchos otros se zambulleron y nadaron hasta las piraguas de sus familiares.

Kalea se adentró en el mar junto a Naehu, en la piragua real. No dejaron de hablar ni un instante mientras seguían a la flota de pescadores. En mitad del trayecto, la sirena del faro de la Isla de la Luna empezó a sonar de

un modo lúgubre. Un pitido largo y amenazador que no auguraba nada bueno.

—¿Has oído ese pitido? —le preguntó Naehu a su hermana.

—¡Es imposible no oírlo! —respondió Kalea tapándose los oídos.

—¿Por qué suena así?

—¡No lo sé!

—¿Un barco?

—¿En esta estación?

—¿Un ataque pirata?

—¡Nooo! —gritó ella por encima del pitido—. ¡*García* me lo habría comunicado!

Las señales siguieron, una, dos, tres veces. Luego cesaron de repente.

—¿Y este silencio significa algo? —preguntó Naehu.

—Que yo sepa, no —respondió Kalea sin comprender qué ocurría.

—Puede que Moea haya decidido celebrarlo a su manera...

—Puede —admitió la joven, no muy convencida—, pero nunca antes lo había hecho.

No existía un código sonoro para la sirena del faro, porque Moea, la farera, no poseía un gran sentido de la

musicalidad, y solía olvidar la sucesión de pitidos que componían los códigos de alarma. Por eso, el extraño toque de ahora preocupó a Kalea.

Ordenó a los remeros que fueran más despacio, aunque la piragua real ya iba a la cola de las demás.

—¡Mira! —exclamó su hermano, y señaló el cielo.

Un gran pájaro blanco volaba frenético sobre las piraguas. Era *Jay Jay*, el pelícano mensajero.

—¡*Jay Jay*! —lo llamó Kalea—. ¡Estamos aquí!

Cuando la reconoció, el animal viró, y planeó a ras de agua hasta la piragua real. Emitió unos sonidos inconexos y batió las alas, muy asustado.

—¡*Jay Jay*! —dijo ella de nuevo—. ¡Cálmate!

Pero el pelícano no se tranquilizaba. Se acercaba a la piragua, la golpeaba con el pico y luego alzaba brevemente el vuelo, como si quisiera alejarse.

—Parece asustado —dijo Naehu.

Kalea miró las plumas del ave y su cadena portadocumentos.

—No trae mensajes para nosotros. Sólo quiere que lo sigamos.

—¿Seguir a un pelícano, Kalea?

Ella asintió.

—Adelante, *Jay Jay*, te hemos entendido. Ahora, vamos. —Luego, la joven se dirigió a los remeros—: ¡Seguid al pelícano lo más rápido posible!

—Pero hermanita —objetó Naehu—, las otras piraguas...

—Me da igual. Ha ocurrido algo, y *Jay Jay* sabe qué es. ¡Venga, ayudemos a remar!

Kalea se arrodilló en la piragua y, haciendo caso omiso de las protestas de los remeros, cogió un remo y lo sumergió en el agua.

—¡Muévete! —le dijo a su hermano.

Naehu se inclinó, resoplando, e hizo lo que le pedía, aunque remaba con menos energía que ella. La piragua real se alejó de las embarcaciones de los pescadores y viró a la derecha, hacia el norte de la Isla de las Estrellas.

El pelícano iba directo a Bahía Blanca, una pequeña playa situada en el lado opuesto a la entrada de Flordeolvido, adonde iban el resto de embarcaciones. El ave batía las alas con fuerza, y planeaba, describiendo largas curvas.

—¡No vamos a llegar, Kalea!

—Sigue remando. ¡Y vosotros también!

—Ya lo hago, pero es peligroso. Mira, estamos solos. Los demás están en el otro lado.

—¿Y qué? Ellos tienen una misión distinta de la nuestra.

Los demás habitantes, muy ocupados transportando al Acuario al Pez de Oro, no se habían dado cuenta de que la piragua real ya no los seguía. Y pronto desaparecieron por el otro lado de la Isla de las Estrellas.

La costa ya estaba cerca, y Kalea no sabía qué podía esperarlos allí. Salvo por alguna incursión de Buhl, un pirata más famoso por su terrorífica máscara negra que por ser un peligro real, el reino vivía en paz y tranquilidad desde hacía mucho tiempo.

Pero, como decía su padre, «El viento sopla y las nubes se condensan sin motivo». Y, ese día, las nubes se condensaban en el horizonte, oscuras y violáceas, y soplaba incesantemente la brisa. Kalea miró el faro, a lo lejos, en el acantilado de la Isla de la Luna, y no quiso pensar lo peor. No era propio de ella. Desde niña, era la más alegre y risueña de las hijas del Rey Sabio. Su temperamento era dulce y sencillo, y siempre animaba a quienes tenían dificultades. Era optimista y soñadora. Una soñadora incurable.

—¡Ánimo! —gritó y hundió el remo, con expresión preocupada.

Una alarma imprevista

Los dos remeros les indicaron que se detuvieran.

—¿Qué ocurre? —preguntó Naehu.

—Ahora va más despacio —contestó su hermana, señalando al pelícano.

La piragua real se hallaba ante un pequeño promontorio que resguardaba Bahía Blanca de los fuertes vientos del norte.

Jay Jay abrió las alas tras pasar por las rocas, planeó rápido y desapareció entre las dunas. Los dos hombres alzaron los remos, y la piragua se deslizó rápidamente por el agua, llevada por la corriente.

—Estamos llegando —comentó Kalea—. Eso es Playa Blanca.

Al otro lado de las rocas, había una superficie de unos cien pasos, llena de conchas blancas rotas por las olas. La joven se puso en pie y miró a derecha e izquierda. No vio nada extraño. Unos troncos gruesos reposaban plácidamente en la arena, como cetáceos varados.

—No lo entiendo... aquí no hay nada...

Todos miraron la arena blanca, los troncos, una ligera resaca marina...

—¿Quieres que bajemos? —le preguntó su hermano.

—¡Ahí está *Jay Jay*! —dijo la princesa Kalea, señalando al pelícano.

—Está parado junto a un tronco —comentó Naehu—. ¡Lo sabía! ¡Nos ha tomado el pelo!

—No puede ser, ya verás como hay algo...

—Hemos remado hasta aquí por un tronco embarrancado en la arena.

La piragua se iba acercando a tierra, y ambos hermanos, junto con los remeros, aguzaron la vista. Poco a poco, sus caras reflejaron sorpresa. La silueta oscura que el pelícano tenía al lado no era un tronco.

—¡Por mil profundidades! —exclamó Naehu—. Eso es... es...

—¡... una persona! —gritó Kalea, y saltó rápidamente de la piragua.

9

El náufrago

El cuerpo inmóvil de un joven permanecía tendido en la arena finísima de Bahía Blanca. Su pelo castaño, largo hasta la cintura, estaba cubierto de arena y sal. La ropa se le veía gastada y rota, e iba descalzo. No se distinguía nada más. Evidentemente, el mar lo había despojado de todo. Lo observaron a cierta distancia, y luego se aproximaron con cautela.

Kalea también, escoltada por los dos remeros que sujetaban los remos como si fueran lanzas afiladas.

—Parece un marinero —comentó Naehu, que no se atrevía a acercarse, ni a mirarlo a la cara.

Su hermana tampoco se acercó mucho, sino que se quedó mirando desde lejos. En su fuero interno, no sa-

bía si le daba más miedo que el náufrago despertara o que no lo hiciese. Había algo en aquel cuerpo tendido boca abajo, inmóvil...

—¿Respira?

—No lo sé. ¿Qué debemos hacer?

De pronto, a la princesa se le ocurrió una idea:

—*Jay Jay*, ve a pedir ayuda. ¡Busca a *García* y a Purotu! ¡Date prisa!

El pelícano alzó el vuelo en dirección al palacio de Flordeolvido.

La chica suspiró y se acercó al náufrago. Los remeros cruzaron los remos.

—Espera, Kalea —susurró Naehu—, ¿qué piensas hacer?

Se la veía indecisa. Se arrodilló junto al cuerpo y lo examinó de cerca. El sol les daba de lleno, y el aire y la arena hervían de calor, pero el chico no despertaba.

Entonces, con suma delicadeza, ella le tocó un brazo. La tela de la camisa estaba tiesa por la sal y los dedos de Kalea le recorrieron el antebrazo hasta la muñeca, donde la manga estaba rota. Cuando le rozó la piel, el desconocido tembló como si hubiera recibido una descarga a través de los dedos de la princesa.

—No está frío —comentó ésta, tras apartar la mano, sorprendida por aquella reacción.

—¿O sea que... está vivo?

—Quizá sí. Tenemos que darle la vuelta.

Kalea llamó a los remeros, que dejaron sus remos y se les acercaron.

—Dadle la vuelta —les ordenó.

Los hombres empujaron con fuerza para que el náufrago rodara sobre sí mismo. Luego lo levantaron un poco, y el joven se estremeció.

—¿Habéis visto eso? —preguntó la princesa.

—Sí. ¡Está vivo! —gritó Naehu.

El joven tosió y Kalea apretó la mano de su hermanastro.

—¡Está vivo!

—¡Naehu! ¡Kalea! —llamó alguien desde lejos.

Era la voz de Purotu que corría por las dunas de la playa, ágil como una gacela. Los alcanzó en pocos minutos.

—¿Qué hacéis aquí?

—Menos mal que has venido. Mira, hemos encontrado a este joven desmayado en la arena —explicó ella, señalando al náufrago—. Hemos intentado darle la vuelta, pero... se ha movido.

—Y ha tosido —añadió Naehu.

—Parece que esté muy mal —comentó Purotu.

Kalea miró la cara del desconocido. Tenía la piel irritada y llena de arena. Los labios, amoratados, sobresalían de la crecida barba, que dejaba entrever unas facciones regulares. En la pierna derecha se le veía una herida muy profunda.

—Mirad —dijo ella—, debe de haber perdido mucha sangre.

Con sumo cuidado, Purotu acercó el oído al pecho del desconocido y percibió su respiración, aunque ésta era muy débil.

—Aún respira.

—Tenemos que llevarlo en seguida a Flordeolvido —propuso Kalea—. Y llamar al curandero.

—¿Llevarlo a Flordeolvido? —preguntó Purotu, que no se fiaba de nadie—. Ni siquiera lo conoces, no sabes quién es.

—Tampoco os conocía a vosotros cuando naufragasteis en esta misma playa, hermanito.

Purotu se mordió el labio y luego asintió.

—Voy a pedir ayuda.

—¡Voy contigo! —exclamó Naehu, sin saber qué más hacer.

10
El curandero sin nombre

Llevaron al náufrago de Bahía Blanca a Flordeolvido con la máxima urgencia. Su respiración era muy débil y no le quedaban muchas fuerzas. Lo instalaron en una de las habitaciones del ala sur, cerca de las estancias de la princesa.

Jay Jay y la orca *García* salieron de inmediato, el primero volando y la segunda por mar, para avisar al curandero de las islas, un anciano menudo, de piel oscura y pelo blanco como la arena coralina. Sus ojos profundos, color avellana, le daban un aspecto plácido y sabio. Nadie sabía su nombre, porque siempre lo llamaban, simplemente, el curandero. Pero todos lo conocían y sabían dónde encontrarlo, pues era muy famoso. Vivía en

un atolón bastante alejado de la Isla de las Estrellas, a casi un día de navegación del palacio.

El curandero era el depositario de los antiguos conocimientos médicos del reino. Era quien había descubierto que el agua donde nadaba el Pez de Oro era el mejor remedio para las enfermedades más comunes entre los pescadores. Y que el Pez de Oro era el auténtico curandero de los mares. El anciano vivía solo desde tiempos inmemoriales. Según decían, estaba buscando un sucesor, pero no lo encontraba.

Llegó en una piragua muy deteriorada, fabricada con el árbol más viejo de las islas. Miró a su alrededor, como un viajero cuando vuelve a casa tras una larga ausencia, y se dirigió a la avenida de las palmeras, que cruzaba el laberinto de las flores. No fue directamente a la habitación del enfermo sino que antes visitó la sala del Acuario, donde asintió en señal de aprobación al

mirar el pez. Murmuró una oración, y después fue a ver al misterioso náufrago.

—¿Éste es el desconocido que nos han traído las olas? —le preguntó a Kalea.

—Sí, es él. Está delirando y tiene mucha fiebre.

—¿Cuánto tiempo lleva así?

—Desde que lo encontramos ayer. Espero que puedas curarlo.

La princesa conocía perfectamente las habilidades del anciano, aunque, a veces, éste, con su sabiduría, dejaba que las cosas siguieran su curso, sin contradecir la voluntad del mar.

El hombre se inclinó sobre la cara del joven, apoyó las manos en la cama y se quedó inmóvil, como si entre él y el enfermo hubiese una barrera invisible que le impidiera proseguir. Abrió mucho los ojos y frunció los labios en una mueca de sorpresa contenida. Luego, con extrema lentitud, le puso una mano en la frente.

—Se pondrá bien —se limitó a decir. Y salió de la habitación.

Kalea lo siguió, desconcertada y algo molesta.

—¿No le vas a dar ningún remedio?

—He dicho que se pondrá bien —repitió, severo, el curandero de las islas.

—Entonces ¿te he mandado llamar para nada?

—En absoluto, princesa —respondió el anciano, volviéndose hacia ella—. Al contrario, has hecho muy bien en llamarme. Más de lo que puedas imaginar.

Ella no replicó. Incluso la princesa del reino debía tratar al viejo curandero con el máximo respeto.

Se conformó con aquella explicación y suspiró aliviada.

Luego volvió a la habitación y miró al extranjero que yacía en la cama; observó detenidamente sus facciones y sus ojos cerrados.

«Se pondrá bien», repitió para sus adentros.

Y su corazón empezó a latir más de prisa.

11

Kaliq Zaba

En los días siguientes, el Reino de los Corales vivió como en suspenso. La princesa había aplazado la fiesta por la captura del Pez de Oro hasta que el extranjero despertara. Entre las gentes de mar, los rumores corrían a una velocidad vertiginosa, como sólo suelen hacerlo las mentiras. La coincidencia tan increíble de encontrar a un náufrago el día de la captura del Pez de Oro los tenía desconcertados...

—Dicen que es un príncipe.

—No sobrevivirá.

—Es un joven, mayor que los dos gemelos.

—Es un comerciante del desierto.

—¡No! ¡Viene del Reino de los Hielos Eternos!

—El curandero no le ha dado ningún remedio.

—He oído que en el palacio de Flordeolvido está pasando algo raro.

—¡El Pez de Oro rechaza la comida!

Mientras, el viejo curandero visitaba regularmente al enfermo, y le aplicaba sus tratamientos a puerta cerrada, pues nadie debía conocer sus secretos. Kalea no hizo preguntas y esperó a que el anciano le permitiese entrar en la habitación del desconocido.

—Se ha despertado —la informó el hombre—, y quiere hablar contigo.

Emiri, el cocinero, había lavado y peinado al náufrago y le había afeitado la barba. Ahora sus rasgos eran más nítidos, y se veían angulosos y marcados, muy distintos a las facciones de los isleños. Sus ojos eran intensos, de un color indefinido entre el negro, el gris oscuro y el azul del mar nocturno. Era el joven más atractivo que Kalea había visto nunca.

Cuando habló, su voz sonó grave y profunda.

—No sé quién sois, pero quiero agradeceros de todo corazón lo que habéis hecho por mí. Me habéis salvado la vida.

—Ha sido un placer. Soy Kalea, la princesa de este reino, y es mi deber cuidar de mis súbditos y de quien necesite ayuda.

—¿Una princesa? ¿En serio? ¡Quién lo habría dicho!

—¿Qué queréis decir? ¿Es que no parezco una princesa? —bromeó ella, en tono irónico—. ¡Me voy a ofender!

—No es eso. —Él sonrió débilmente—. Al contrario, vuestro comportamiento os honra. Sois una princesa muy buena y generosa. Y vuestro curandero también lo es.

Kalea miró al anciano, y luego observó con sorpresa a Purotu y Naehu, que acababan de llegar y contemplaban la escena desde el pasillo.

—Es el curandero más sabio y experto del reino —contestó—. Y permanecerá en la corte hasta que estéis completamente recuperado.

—Eso me tranquiliza mucho. Ahora permitidme que me presente —dijo, e intentó levantarse. Sólo lo consiguió en parte, pues las fuerzas lo abandonaron en seguida—. Disculpad, princesa, pero no puedo incorporarme más. Me llamo Kaliq Zaba, y vengo del Reino del Desierto.

—¿Qué os ocurrió?

—Nos atacó un barco pirata. Pero no me preguntéis cómo sucedió. Había tormenta y era de noche. Estábamos en alta mar, frente a no sé qué islas. No soy cartógrafo, y no sabría indicarlas. Ni siquiera sé dónde estoy ahora. Estudio las plantas y me embarqué junto con un grupo de compañeros en el barco de exploración *Ola azul*. Y, de pronto... ¡nos atacaron esos sinvergüenzas!

—¡Oh, pobre! —exclamó Kalea—. ¡Piratas en nuestro mar! Hacía meses que no aparecían. ¿Creéis que hay otros supervivientes?

—Supongo que no. Cuando ocurrió, todos estábamos durmiendo. Esa noche, brindamos por el descubrimiento que había hecho un compañero... un cangrejo que

quedó atrapado en las redes de pesca, un animal rarísimo, perteneciente a los antiguos reinos del pasado. Y todos estábamos muy cansados.

—¿Cuántos hombres había a bordo?

—Doce. Más seis de la tripulación. Por la noche empezó una tormenta. Después oí gritos y entrechocar de espadas. Subí a cubierta, y junto a nuestro barco vi un galeón negro. Luego... luego, sin darme cuenta, ya estaba en el mar. Nadé para mantenerme a flote hasta que las fuerzas me lo permitieron. Más tarde, cuando ya lo creía todo perdido... desperté aquí.

En la habitación se hizo un silencio sepulcral.

—Sois un joven fuerte, Kaliq Zaba. No os preocupéis por vuestros compañeros, ni por lo que no pudisteis hacer. A veces, el destino es cruel —comentó ella, con expresión sombría.

Purotu y Naehu no habían dicho nada, pero sus cabezas asomaban mucho por la puerta, de modo que Kalea los invitó a entrar, y se los presentó al joven.

—Éstos son mis dos hermanos, profesor Zaba. También vinieron del mar, como vos.

—Ha sido una afortunada coincidencia —respondió el náufrago—. Me deben de haber empujado las mismas corrientes.

—Seguro —dijo Purotu entre dientes—. Una afortunada coincidencia.

Por su mirada, era evidente que no le gustaba tener en el palacio al desconocido. Naehu citó el verso de un poema, y la conversación prosiguió. El curandero fue el único que se mantuvo al margen, como una estatua oscura adosada a las paredes de juncos.

—¿Qué son esas melodías? —preguntó Kaliq, tras un largo silencio.

A través de las ventanas, protegidas por una fina capa de hojas de palmera trenzadas, llegaba una música lejana de flauta, acompañada de varias voces.

—Habéis llegado en una semana muy especial, profesor Zaba. La dedicada a la captura de un pez también especial: el Pez de Oro.

—Nunca había oído hablar de él —contestó Kaliq con curiosidad—. Ni siquiera a mis compañeros...

—Es un pez muy raro que nada junto a nuestras islas en esta época del año. Todos los pescadores del reino intentan atrapar un ejemplar. Luego lo llevan al gran Acuario, y el pescador que lo ha capturado vive un año en la corte.

—¿Y todo eso por qué?

—Mirad... —dijo Kalea, señalando unos frascos transparentes, alineados en la habitación—. El agua del

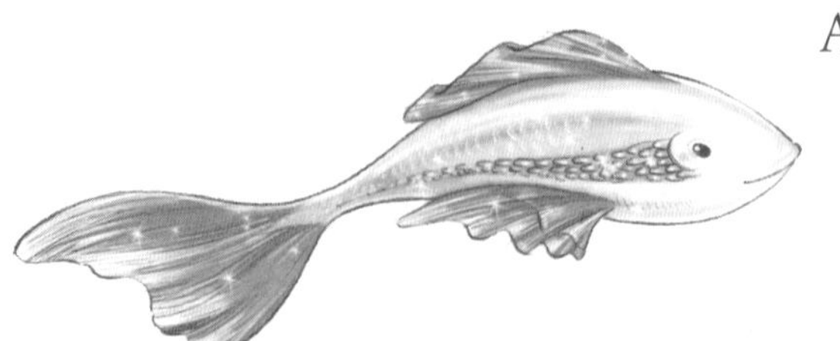

Acuario tiene extraordinarias propiedades curativas.

—¡Qué maravilla! —exclamó él—. En la Academia del Reino del Desierto estudié algunos textos sobre los Cinco Reinos, pero ninguno hablaba de esta pesca. Mis compañeros estarán...

Tras iniciar la frase, se calló de golpe, pensando en lo que podía haberles ocurrido a sus compañeros.

—En los libros no aparece todo lo que sucede en los Cinco Reinos —dijo Kalea sonriendo y cambiando de tema.

—Por suerte, supongo —murmuró el náufrago—. Tampoco estaba escrito que yo conocería a una princesa tan hermosa...

—Me halagáis.

—Creo que, para ser la primera conversación, ya es suficiente —los interrumpió el curandero.

—Sí, tenéis razón —dijo Kalea—. Espero que recuperéis pronto vuestras fuerzas, Kaliq Zaba, y que, al menos, podáis participar en la recta final de nuestras celebraciones.

—Sí, porque ya las hemos aplazado una semana —añadió Purotu, molesto.

—Para esperaros a vos, claro —puntualizó su hermano.

—Sois muy amables —respondió Kaliq Zaba—. En tal caso, no puedo faltar.

12
La noche de las Mil Luces

Se acercaba la noche de las Mil Luces, el gran festejo que pondría fin a la celebración de la pesca de oro. ¡Por fin! La espera de la recuperación del náufrago había puesto a los habitantes de las islas en un estado de gran agitación. El Reino de los Corales vivía de su música, de sus fuegos en la playa y su eterno verano, y la alegría y belleza de su princesa hacía que todo eso fuera aún mejor.

En la cocina, Emiri había hecho grandes preparativos, pero no estaba satisfecho con la calidad de algunos platos, que aguardaban en la mesa a que les diera el toque final. Observó con cierto desagrado el timbal de algas.

—Añádele una pizca de corazón de palmito centrifugado —le ordenó a uno de los loros.

Luego lo probó otra vez.

—Todavía no está bien. ¿Qué le falta?

Los loros lo miraban, impotentes, desde su percha, situada cerca de la puerta. En ese momento, una mariposa entró por la ventana y ejecutó una elegante danza sobre la comida.

—Fuera —la echó Emiri y la golpeó con el dorso de la mano. Las alas del insecto soltaron un polvo muy fino, casi invisible, de color dorado. El cocinero reflexionó y después volvió a probar su timbal.

—¡Perfecto! Eso era lo que faltaba: ¡polvo de mariposa!

Los loros lanzaron un suspiro de alivio.

Pero la tranquilidad duró poco.

—¡Pescado! ¡Necesito más pescado! —se lamentó Emiri—. ¿Dónde está ese chico? ¡Purotu! ¡Purotu! Cuando lo necesitas... ¡nunca está!

~*~

—Es como si yo no existiera —le confió Purotu a su hermano, mientras ambos paseaban por el tramo de playa que iba del embarcadero real a Bahía Blanca—. La princesa sólo le hace caso al náufrago.

—Estás exagerando, hermanito...

—¿En serio? ¿Alguna vez se había atrasado tanto la fiesta de las Mil Luces? ¡En el puerto no se habla de otra cosa!

—Reconozco que ha sido una singular coincidencia.

—Además, ¿quién es Kaliq Zaba? ¿Un experto en plantas que procede del desierto? ¿Tú crees que puede haber un experto en plantas que viva en el desierto?

—En el Reino del Desierto hay una Academia importante, Purotu —murmuró Naehu—. Según se dice, todos los grandes poetas de los Cinco Reinos han pasado por ella, y dejado allí copia de sus mejores versos.

—¿Y mi caña de pescar? —prosiguió su hermano.

—¡Uf! ¡Otra vez esa historia!

—¡Me la robaron! Y... casualmente... el pescador que se la llevó fue quien pescó el Pez de Oro.

—¿Hablaste con él?

—Sí.

—¿Y qué te dijo?

—Que se había encontrado la caña en su piragua. Y que nunca la había visto antes.

—¿Lo ves? Fue un error. Puede que tú mismo la pusieras en su embarcación en vez de en la tuya. ¡Deja de sospechar de todos los habitantes de Flordeolvido! Es un palacio real, es normal que vivan muchas personas en él... ¡¿O es que vas a empezar a sospechar de Emiri, o de Tiaré... o de mí?!

Purotu guardó silencio unos minutos, y luego insistió:

—Hay otra cosa que no me convence... El náufrago dice que lo atacaron los piratas, pero nosotros no hemos visto ni un solo barco...

Naehu suspiró exasperado.

~*~

El sol se había ocultado, y el jardín de Flordeolvido estaba iluminado con velas.

La princesa Kalea estaba más guapa que nunca. Llegó a la gran Sala del Acuario con un vestido blanco largo, bordado con conchas. Iba descalza, como siempre, y largos bucles sueltos enmarcaban su rostro y le caían sobre los hombros. Parecía la novia del mar.

Su pueblo estaba reunido en la sala. Los que no cabían, se habían quedado fuera, en el jardín y en la playa de la Isla de las Estrellas, con la esperanza de ver algo y de oír el discurso de su princesa.

Entre los admiradores agolpados en torno a la pecera del Acuario, además de sus hermanos Purotu y Naehu, estaba el desconocido, que desde hacía unos días ya tenía nombre: Kaliq Zaba, profesor de botánica de la Academia del Reino del Desierto.

Éste se apoyaba en una muleta de hueso de ballena, y se mantenía apartado. Cerca de él estaban los pes-

cadores que habían participado en la competición, sus familias y el viejo Toanui, que le había dado su sedal a Purotu. También estaban el curandero, el cocinero Emiri y todos los altos dignatarios del reino, excepto Moea, la farera, que casi nunca abandonaba su acantilado.

La Sala del Acuario era muy grande y estaba decorada con sencillez. Además de la enorme pecera de cobre, había redes y utensilios de pesca, una mesa redonda con unas sillas y una pasarela que conducía a la vivienda del pescador que había capturado el Pez de Oro. Allí, en la puerta, esperaban tres personas, la familia del que lo había hecho el año anterior y que ahora debía ceder su puesto a los nuevos y afortunados ganadores.

Vivir un año en palacio era un honor y un lujo modestos, pero cambiaba para siempre la vida de quienes disfrutaban de tal oportunidad. A la princesa nunca le había gustado la ostentosidad, por eso los muebles y adornos de Flordeolvido eran elegantes, pero no llamativos. Funcionales y sobrios, en armonía con la sencillez de la naturaleza que los rodeaba.

Kalea, iluminada por la luz de las velas, comenzó a hablar:

—Queridos amigos, os agradezco que todos estéis aquí. Pido que se acerque la persona que ha hecho posible esta celebración, el pescador Anoi.

Un hombre de estatura media y complexión robusta, moreno y de piel bronceada y curtida por el sol, dio un paso adelante, trastabillando un poco. Su mirada era insegura, y, a aquella luz, sus ojos cambiaban de color.

La princesa le estrechó las manos, duras y callosas.

—Anoi, todo el pueblo de los Corales te da las gracias por lo que has hecho. Hasta el próximo año, es decir, el tiempo que vas a vivir con nosotros, tu Pez de Oro curará las enfermedades que nuestros pescadores contraen en el mar.

—Me siento honrado, princesa Kalea —balbuceó el hombre, conmovido.

—El pescador Anoi vive solo en un atolón perdido —continuó ella—. Y me dicen que tiene pocos amigos en las islas.

—Efectivamente, princesa. Nunca había abandonado mis playas.

—Ya has visto qué ocurre cuando uno cambia sus hábitos. ¡Ánimo! La suerte ha querido que, este año, en la Casa del Pescador haya un solo invitado. Y espero que, muy pronto, sea amigo nuestro, en especial del cocinero Emiri.

Todos los presentes se echaron a reír. Los que habían vivido en palacio se pasaban años contando maravillas de la cocina de Flordeolvido.

—Vamos a despedirnos de la familia Viritua —prosiguió Kalea—, que nos deja tras habernos acompañado durante un año.

Con una sonrisa cohibida, la familia del anterior ganador y Anoi se abrazaron.

—Buena suerte.

—Gracias, amigo.

La princesa señaló las redes y utensilios de pesca que llenaban la pared del fondo de la Sala del Acuario.

—Al igual que hicieron otros antes que tú, Anoi, te pido que dejes aquí tus instrumentos de trabajo, pues no los necesitarás... ¡hasta la próxima pesca!

—A ver si deja también mi caña —masculló Purotu, antes de que su hermano le diera un codazo.

Un largo aplauso y un canto espontáneo acompañaron al hombre mientras dejaba su caña y utensilios junto a los del resto de pescadores que habían capturado el Pez de Oro.

Un grupo de músicos entonó una vieja melodía tradicional, acompañándose con los dulces sonidos de guitarras y flautas. En las playas situadas a sotavento, algunos

pescadores empujaron hacia el agua las primeras luces, unas velas que flotaban sobre cestas trenzadas.

Kalea pidió un último momento de silencio.

—Antes de que comience el baile, quiero presentaros al profesor Kaliq Zaba, un científico que tuvo la desgracia de naufragar frente a nuestras costas.

La música se interrumpió, y el joven se adelantó con esfuerzo, apoyándose en la muleta, hasta llegar junto a la princesa, al pie del Acuario. Iluminada por los reflejos del agua, Kalea parecía una criatura marina, feliz y ligera, con el corazón rebosante de emociones.

Kaliq Zaba saludó y agradeció, a ella y a todo el Reino de los Corales, que le hubieran salvado la vida. Luego, Tiaré le dio una pequeña guirnalda de flores en señal de bienvenida.

Cuando la muchacha se acercó a Kaliq, él retrocedió, como si hubiera visto en Tiaré algo que lo asustaba. O como si temiese que lo reconociera...

Tras los discursos, todos fueron a la Sala del Trono, una amplia estancia que daba al jardín y al seto florido del laberinto. En las puertas había cortinas de lino blanco, que ondeaban con la brisa marina.

El suelo era de arena compacta, decorada con pequeñas caracolas en el centro y a los lados. Ahora estaba

cubierto de pétalos multicolores, y en las mesas había centros de flores que aportaban luz y aroma al banquete de Emiri.

La princesa abrió el baile. Un pequeño grupo musical tocaba guitarras e instrumentos hechos con semillas y cáscaras de nuez. Una alegría contagiosa se propagó por toda la sala.

Kalea bailó primero con el pescador Anoi, y luego buscó otras parejas. Miró a Purotu, pero éste hizo una mueca y retrocedió. Y Naehu fingió mirar hacia otro lado.

De modo que eligió a Kaliq Zaba, que se acercó cojeando.

—No es una buena elección, princesa. Ahora mismo no soy el mejor bailarín de la sala...

—Sois nuestro invitado, profesor Zaba.

—Pero a partir de ahora todos los hombres del reino me odiarán.

—¡Imposible! Entre mis súbditos, no existe el odio.

—Sois bellísima —la admiró él.

Ella bajó la vista y sonrió. Lo miró a los ojos; eran grises, o tal vez azul muy oscuro. En la playa le habían parecido más claros. Y eran profundos, como el mar.

El primer baile fue largo, interminable. Kalea se sentía liviana, y se dejaba llevar serena y tranquila. A pesar

de la pierna herida de Kaliq, ambos giraban ligeros. Continuaron hasta que se sintieron cansados, y entonces salieron a tomar el aire. Charlaron de cosas intrascendentes, riendo de vez en cuando.

Kaliq entró para ir a buscar dos copas de néctar de coco.

Una vez sola, Kalea reparó en dos jóvenes que estaban algo alejados. Ella era hermosa y sonriente. Él, algo cohibido, le ofrecía la caracola del amor. En el Reino de los Corales, cuando un chico le ofrecía a una chi-

ca ese tipo de caracola, ella la echaba al mar para sellar su pacto de amor.

La princesa observó la escena con el corazón rebosante de ternura. Mientras soñaba con los ojos abiertos, sintió una mirada clavada en ella, se volvió y vio a Purotu junto al pescador Anoi. En los ojos de su hermano se leía la sospecha.

13
El jardín de la corte

Los días pasaban y la salud de Kaliq Zaba mejoraba, tanto, que ya podía moverse y andar sin muleta. Un tarde particularmente ventosa, la princesa Kalea lo invitó a visitar el jardín de la corte.

—Os felicito, princesa —dijo él mientras caminaban despacio, resguardados tras el enorme seto del laberinto—. Vuestro jardín es espléndido.

—Gracias, profesor Zaba, sois muy amable. Vuestra opinión de experto es muy valiosa para mí.

El fuerte viento agitaba el cabello de Kalea.

—¿Amable? ¡Oh, no! Sólo digo la verdad. Estos setos de flores son el sueño de todo botánico. ¿Quién los

plantó? ¿Y cómo pudo crear este ambiente maravilloso? Tan maravilloso como su princesa.

El rostro de ella adquirió el mismo color que su pelo. Azorada, intentó sujetarse la melena, revuelta a causa del viento, y se sintió frágil y confusa.

Su espíritu romántico e ingenuo vacilaba ante los piropos de aquel desconocido sereno y atento, atractivo y misterioso.

Llegaron hasta un curioso árbol muy pequeño, cuya copa era una perfecta esfera, y Kaliq acarició con delicadeza sus hojas.

—Es un *uru* o árbol del pan en miniatura. En mis viajes, nunca he visto uno igual. Y tampoco aparece en los libros de botánica que he estudiado.

—Creo que es un ejemplar único —explicó Kalea—. Lo plantó Helgi, el jardinero de mi padre, antes de irse al norte. Según mi padre, era el jardinero más hábil de los Cinco Reinos...

Se interrumpió, indecisa.

—La fama de Helgi lo precede, y vuestro padre era un monarca sabio y justo, capaz de reinar en un territorio muy vasto, casi infinito.

Ella sonrió débilmente. Era reacia a hablar de sí misma, pero algo en su interior la impulsaba a hacerlo.

—Cuando yo era muy pequeña y los Cinco Reinos estaban unidos en el Gran Reino, el soberano que los gobernaba era un hombre malvado. Pero ya debéis de conocer estas historias...

El rostro de Kaliq se endureció imperceptiblemente.

—... y tal vez no os interesen...

—Al contrario —respondió él—. No os podéis imaginar lo mucho que me interesan. Nunca he profundizado en la historia antigua de nuestro reino. Siempre he dedicado mucho tiempo a la botánica, y muy poco al resto. Decíais que era un hombre malvado...

—Así es. Mi padre luchó con él y lo derrotó. Pero pagó un precio muy alto por su victoria: tuvo que dividir su reino en cinco partes, y confiárselas a sus cinco hijas.

—Conozco la fama de las princesas de los Cinco Reinos, y también la belleza de vuestra hermana Samah, la princesa del Reino del Desierto, pero no he visto a ninguna joven tan guapa como vos. Más que los Reinos de la Fantasía, éstos son los reinos... ¡de las maravillas!

—¿No creéis que estáis siendo un poco... impertinente? —se rió Kalea, azorada.

—¿He dicho alguna impertinencia?

—Mis hermanas y yo somos muy distintas —susurró ella.

—No lo pongo en duda. Pero estoy seguro de que vos sois la más hermosa.

—Me siento halagada, pero os aseguro que no lo soy —respondió Kalea, e intentó no demostrar cuánto la satisfacía aquel piropo.

En ese momento, un pequeño insecto se posó en el hombro de Kaliq.

—¡Mirad, un escarabajo! —exclamó ella.

—Sí. No os movàis, o huirá.

—Probablemente debe de ser la época. Anoche vi uno parecido en mi habitación.

—Qué extraña coincidencia.

—Es azul cobalto, como el mar. Y muy bonito. No es un insecto común en esta zona.

—Creo que los escarabajos azul cobalto traen buena suerte, princesa.

—¿Entendéis de insectos? —preguntó Kalea sonriendo.

—Muchos son indispensables para la reproducción de las plantas, de modo que algo sé. Si anoche estaba en vuestra habitación y ahora está sobre mi hombro... espero que sea un buen augurio.

—¡Profesor Zaba! —rió de nuevo ella, sonrojándose otra vez, y alzó la voz para fingir que estaba enfadada—. Lo único que puedo decir es que sois realmente impertinente.

El insecto se asustó y salió volando.

—¿Veis? Al final lo habéis hecho huir.

—¿Sabéis qué? —dijo Kalea, acariciando las flores del seto—. Una vez leí algo sobre los escarabajos azul cobalto. Dicen que... por la noche...

De pronto, dudó.

—¿Que por la noche...? —la instó Kaliq Zaba, que sentía curiosidad por saber el resto.

—Ya no me acuerdo —contestó Kalea, negando con la cabeza—. Era una noticia, quizá una leyenda sobre el poder de persuasión que tienen sobre nuestra mente...

—¿En serio? Me sorprendéis, princesa. Mis conocimientos sobre ellos no son tan profundos.

Permanecieron en silencio, contemplando las flores, los árboles y los retazos de cielo azul que se veían desde allí.

—¿Seguimos paseando? —propuso la princesa Kalea, al cabo de unos minutos.

—Me estabais hablando de vuestro padre, y de los Cinco Reinos...

—Ah, sí, pero no creo que sea un tema muy interesante. Para mí, es más bien triste. Espontáneamente, tengo ganas de contaros mis pensamientos más íntimos, pero luego recordar todo eso me produce una gran nostalgia, preferiría que hablásemos de algo más...

—¿Alegre?

—Sí, profesor. Más alegre. A veces parece que me leáis el pensamiento.

—A veces sucede, sí —respondió él, sonriendo.

14
Un intruso

Purotu insistió:

—Te digo que tiene algo que no me convence.

Naehu estaba sentado frente a él, en un asiento hecho con hojas de palmera trenzadas. El viento, que no dejaba de soplar en los últimos días, le empujaba el cabello hacia la cara, y el atardecer había transformado el horizonte plano del mar en una caldera hirviendo.

—Estás celoso —le dijo a su hermano con calma.

—¿Celoso yo? ¿Por qué? ¡Kalea es nuestra hermana!

—Pues te comportas como si lo estuvieras.

—Al menos tú intenta comprenderme, por favor. Es que... pasean los dos juntos... todo el día... como si fue-

ran... como si fueran... —No pudo terminar la frase, de tan nervioso y enfadado como estaba.

—¿Como si fueran novios? —lo ayudó su hermano.

—Exacto, Naehu. Como si fueran novios.

—¿Y qué? Ya sabes que Kalea tiene muchas ganas de casarse. Puede que el profesor Zaba sea un regalo del cielo.

—Kalea merece un príncipe, no un experto en plantas que, encima, naufragó en un barco del que no hemos encontrado ni rastro.

—Creo que eso debe decidirlo ella. Kaliq es una persona muy culta.

—Lo estás defendiendo, ¡y encima lo llamas Kaliq, como si fuera de la familia!

—¿Y qué quieres que haga?

—Yo te digo que está fingiendo. Todo lo hace por agradarnos.

—A mí me parece muy amable.

—¿Cómo no va a serlo? Ella... nosotros le salvamos la vida. ¡No lo olvides!

—No lo olvido, Purotu. Pero creo que sospechas demasiado de él. Debemos esperar a ver qué pasa. El mar teje sus tramas con inteligencia... y le gustan las sorpresas, como a los niños.

—Pues a mí no me gustan. Ojalá no hubiera nunca ninguna.

—¿Y qué piensas hacer?

—Vigilar a Kaliq. Sin que se dé cuenta, naturalmente.

—Entonces yo te vigilaré a ti —bromeó Naehu.

—¡Ni se te ocurra!

—¿O qué?

—Pues... —Purotu lo agarró y empezó a hacerle cosquillas. En menos de un minuto, cayeron los dos al suelo, riendo a carcajadas.

Cuando dejaron de pelear en broma, estaban totalmente cubiertos de arena.

—¡Mira qué pinta tienes, Poeta de la Corte! —se burló Purotu, sacudiéndose la ropa.

—¡Porque tú no te has visto, Maestro del Pez Hervido!

—Hablas así porque me envidias.

—Muy bien, ahora sólo tenemos que avisar a Kalea de que tiene un hermano celoso y otro envidioso. ¡Seguro que se pondrá contentísima!

Purotu se alisó la ropa, luego se sacudió el cabello alborotado y dijo:

—Te dejo con tus libros. Voy a la Sala del Acuario, a ver si todo está en orden...

—Pasa por la cocina y pregúntale a Emiri qué hay de cena.

Su hermano se alejó después de sacarle la lengua. Cruzó la isla a paso veloz, y entró en las estancias oscuras del palacio, para comprobar si todo estaba en orden. Rayos de luz iluminaban parte de los salones, donde se veían largas sombras temblorosas.

En el Acuario, el pez nadaba tranquilo en su gran pecera de cobre, colocada sobre un pedestal casi tan alto como el chico. Dentro, el agua era limpia y cristalina. La renovaban continuamente, a través de unos conductos que la llevaban directamente del mar, y guardaban el agua curativa en unos frascos que había debajo de la pecera. Mientras observaba al animal, Purotu vio de repente una sombra moviéndose por la sala.

—¿Quién anda ahí? —preguntó en tono imperioso.

Nadie respondió.

—¡Deja que te vea!

Una sombra cruzó la sala, y avanzó rápidamente hacia él. Purotu se quedó tan sorprendido de que hubiera alguien, que en un primer momento se ocultó tras la pecera. Luego vio que la sombra llevaba un bastón en la mano. Esquivó el golpe, pero, al hacerlo, perdió el equi-

librio y cayó pesadamente hacia atrás, golpeándose contra la gran pecera de cobre.

El Acuario se tambaleó en su soporte, y se volcó sobre el suelo, con gran estruendo. Las paredes macizas de cobre retumbaron en la arena prensada, mientras los frascos de agua curativa se hacían añicos. Purotu se dio un fuerte golpe en la cabeza contra el borde de la pecera, y perdió el conocimiento.

Lo último que vio, con horror, fue cómo el Pez de Oro caía y se debatía en el suelo.

—¿Pero, qué ocurre aquí? —oyó gritar a una voz masculina.

Y nada más.

Sin pensárselo dos veces, el profesor Zaba, corrió a rescatar al Pez de Oro, que se retorcía frenético en el suelo.

Anoi, el pescador, entró en la sala.

—¡Tú ocúpate del chico! —le ordenó Kaliq Zaba.

Luego, sin decir nada más, cogió una de las redes colgadas en la pared, metió al pez dentro y se dirigió a Bahía Blanca. Se esforzó por darse prisa, aunque correr le producía fuertes dolores en la pierna. Al llegar a la playa, ató la red al tronco de una palmera y colocó el Pez de Oro de manera que pudiese nadar en el agua del mar. Se aseguró de que el nudo no pudiera soltarse y de que la red no estuviera rota, y luego se dirigió al palacio, a socorrer a Purotu. Pero la pierna le dolía mucho, y tuvo que caminar despacio.

Cuando llegó a la Sala del Acuario, el chico ya no estaba. Quien sí estaba en cambio era la princesa, hecha un mar de lágrimas.

—¡Profesor Zaba!

—¿Cómo está Purotu? —preguntó él.

—Lo está visitando el curandero. ¿Sabéis qué ha ocurrido?

—No tengo ni idea. He oído su voz... y luego un gran estruendo...

Kalea se llevó las manos a la boca, muy preocupada.

—¿Y qué ha sido del pez?

—He logrado salvarlo. Está en Bahía Blanca, en una red, dentro del mar.

—¡Menos mal! —exclamó la joven, aliviada.

Naehu quiso ir a buscarlo.

—¡No! ¡Espera, hermano! ¡Pídele ayuda a alguien! —le aconsejó Kalea, temiendo que armase algún lío. Después se dirigió a Kaliq y dijo—: Muchas gracias, profesor Zaba, de no ser por vos...

—No me deis las gracias, princesa, no he hecho nada especial.

—Más de lo que creéis. —Y le estrechó las manos—. Ahora tengo que ir a ocuparme de todo.

—Id —la animó Kaliq—. El dolor en la pierna se me está haciendo insoportable, no creo que pueda ayudaros demasiado.

15
Tiaré

El día después del accidente en la Sala del Acuario, los artesanos del reino ya habían reconstruido la pecera de cobre, y la habían fijado de nuevo en su soporte. Y el Pez de Oro volvía a ocupar su sitio.

Kalea lo observaba nadar, ágil y resplandeciente a la luz del día, y sentía un gran alivio en su corazón. Era una verdadera lástima que se hubiera desperdiciado tanta agua curativa, pero lo más importante era que el pez seguía vivo, y todo gracias a una persona: Kaliq Zaba.

Cuando recorría los pasillos del ala sur, oyó discutir a sus hermanos.

—¡Fue una sombra! —decía Purotu, desde la cama donde el curandero lo había obligado a guardar reposo. Tenía un enorme chichón, una herida profunda en la frente y le dolía mucho la cabeza. Mientras estuvo inconsciente, Naehu no se movió de su lado. Y lo mismo hacía ahora que Purotu se moría de ganas de levantarse.

—¿Una sombra de qué?

—¡Una sombra! ¡La sombra de un hombre con bastón!

—Solamente hay un hombre con bastón, Purotu. Y ese hombre ha salvado el Pez de Oro.

—Pues... si no era él... ¿quién era?

Naehu lo miró, incrédulo, mientras su hermano negaba con la cabeza, contrariado.

—¿No creerás que me lo hice yo solo? ¡Te digo que había alguien!

—Alguien a quien no viste, pero que llevaba bastón, claro... —resopló Naehu—. Cuando entraste, ya era de noche, y en la Sala del Acuario ¡no había nadie! Sólo Anoi y Kaliq Zaba, que corrieron a ayudarte.

—Pues yo te digo que...

Kalea sonrió. Conocía el carácter desconfiado de Purotu, y había aprendido a no hacerle mucho caso. Al igual que Naehu, ella también había tenido que calmar

las reacciones impetuosas del chico, que habría dado la vida por defender Flordeolvido y su reino.

Una lagartija doméstica llamó la atención de Kalea golpeando levemente la cola contra sus tobillos. El reptil llevaba una pequeña corona de pétalos en la cabeza, una de las coronas que hacía Tiaré.

—¿Tiaré me está esperando?

La lagartija movió la cabeza.

—Está bien. Llévame con ella.

El animal la guió lentamente por entre los caminos del laberinto de flores. La joven estaba sentada en un banco de bambú, con una cesta de flores recién cortadas en el regazo, y separaba unos tallos de otros. Llevaba un vestido de algodón amarillo largo, y parecía una flor perfumada.

—Buenos días, princesa —la saludó Tiaré, y empezó a hacer una reverencia.

—Buenos días, querida. No te levantes, por favor. ¿Quieres hablar conmigo?

—Sí, princesa. Es sobre el viento.

—¿El viento?

—Este año, algunas plantas florecen antes de lo normal, y otras en cambio más tarde. Hay algo que no funciona, y tiene que ver con el viento del este que sopla en nuestro jardín desde hace tiempo.

—¿Te preocupa? —inquirió Kalea.

—Un poco, princesa. Es un viento muy raro, y no parece que vaya a cambiar.

—El viento es extraño, Tiaré. Siempre lo ha sido y siempre lo será.

—Pero habla, princesa, habla y murmura. Y lo hace con mucha insistencia. Cuenta historias lejanas, historias que no deberían ser relatadas. No es la primera vez que sopla este tipo de viento.

—¿Cuándo sopló antes? —preguntó ella.

—Durante los años de la guerra —susurró Tiaré—. Entonces lo hacía muy fuerte, y arrancó todas las flores. Fue cuando... vuestro padre...

—Continúa.

—Cuando el Rey Sabio ganó su batalla. No mató al Viejo Rey malvado, ni tampoco a su séquito, ni a sus generales. Sólo utilizó una canción, la Canción del Sueño, para dormir a la corte del Viejo Rey. Es lo último que recuer-

do: antes de que terminara la canción, soplaba viento del este. Un viento como el de ahora, pero mucho... mucho más fuerte.

—Tiaré... me estás asustando.

—No es mi intención, aunque prefiero asustaros por nada que quedarme con el remordimiento de no haber hablado.

—¿Remordimiento... de qué? ¿Qué quieres decir? ¿Qué relación tiene el viento de entonces con el de ahora?

—No lo sé, princesa. Pero siento que, en palacio, hay algo que no marcha bien. Algo que se arrastra por la arena, que deja un rastro a su paso... Un rastro sin olor, limpio como el filo de un cuchillo. ¿Me comprendéis? Algo que corta el aire.

«El filo de un cuchillo», se dijo Kalea. Pensó en las guerras pasadas y lejanas, y en las guerras futuras y posibles y se estremeció. «No es la paz lo que cambia los reinos —pensó—. Son las guerras las que mezclan imperios, ciudades y a sus habitantes.» Ella era hija del vencedor de la última guerra, del Rey Sabio y la reina. El ganador y su corte se deshicieron de los derrotados, el Viejo Rey y su séquito, que llevaban años dormidos en el terrible silencio de la Vieja Corte, en una isla errante

del Mar de las Travesías. Después, Kalea pensó en la Canción del Sueño, en la estrofa que su padre le había confiado, en las demás estrofas que guardaban sus hermanas. Ahora sabía para qué servía la canción, y por qué el rey les había entregado aquel secreto.

—¿Princesa? —la llamó Tiaré.

—Sí, dime Tiaré —respondió, abandonando sus mil pensamientos.

—Una cosa más. Las flores notan cualquier cosa extraña, incluso las más imperceptibles.

—¿Y?

—Pues... no sé cómo explicároslo... El otro día, cuando estabais en la fiesta con el náufrago...

—¿Qué? —la exhortó a hablar ella.

—No pude percibir su olor.

—¿Qué quieres decir?

—No estoy segura, pero creo que el náufrago no emana ningún aroma. Es como si su piel, su pelo... no tuvieran olor.

Kalea se quedó boquiabierta. Nunca había oído nada semejante. Y nunca había oído a Tiaré decir algo así.

—¿Estás segura?

—No, princesa, pero recuerdo una cosa con claridad: en la fiesta de las Mil Luces, fui a buscar a Kaliq Zaba para darle una corona de flores. Junto a él estaba Anoi, y también vos. Cuando me acerqué a los dos extranjeros, sólo percibí un olor, como si uno de los dos tuviera algo extraño, sobrenatural. Y, cuando me acerqué más a Kaliq...

Tiaré calló de repente y se volvió hacia el seto de flores que conducía al palacio real. Alguien se aproximaba.

16
Una petición inesperada

Por el final del seto apareció el curandero de las islas.

—Buenos días, princesa Kalea. Buenos días, Tiaré.

—Buenos días, curandero —respondió Kalea, algo sorprendida—. ¿Traéis buenas noticias?

—Si os referís al chico, está mucho mejor. Su cuerpo es fuerte. Dentro de unos días, volverá a pescar.

El rostro de la princesa se iluminó con una sonrisa. Una de sus maravillosas sonrisas. En aquellos días, había vivido tensiones y emociones negativas, y su espíritu alegre y despreocupado no estaba acostumbrado a ello.

—Muchas gracias —dijo, visiblemente aliviada.

—No he hecho gran cosa... Además, he venido a hablaros de otro asunto.

Kalea se despidió de Tiaré, y se encaminó con el anciano hacia el palacio real.

—Decidme —lo exhortó, cuando ya estaban solos.

—Ya sabéis que llevo mucho tiempo buscando un sucesor.

Ella asintió.

—Pues bien, creo que ya lo he encontrado.

Desde aquel lugar del jardín, ligeramente elevado con respecto a la isla, se veía una parte de la playa y la ventana de la habitación donde descansaba Purotu.

—¿Os referís a Purotu?

—No, me refiero a Kaliq Zaba, vuestro invitado.

—¿Kaliq Zaba?

—Sí, princesa.

—¿Y por qué él?

El rostro del curandero de las islas se contrajo en una mueca de cansancio.

—Ese hombre tiene algo especial. Y no es sólo porque sea un experto en plantas. Tiene algo completamente distinto... al resto de los hombres.

A Kalea se le encogió el corazón, y preguntó:

—¿Y ese algo distinto... es negativo?

—Al contrario, princesa. Es un don —respondió el anciano, eufórico—, un don del mar.

«Un don del mar —repitió ella para sus adentros—... salvó al Pez de Oro, es culto y amable, tiene los ojos profundos y un porte principesco.»

Sin motivo concreto, el corazón le empezó a latir más rápido. Las palabras del curandero habían dado voz a sus pensamientos... ideas, incertidumbres y emociones que aún no había admitido. ¿Era posible que Kaliq hubiera calado tan hondo en su interior? ¿Acaso se estaba enamorando?

—He venido al jardín, princesa —prosiguió el viejo curandero—, a pediros permiso para invitar al profesor Zaba a mi atolón, y así poder prepararlo.

—¿Cómo? ¿Prepararlo... para qué? —preguntó Kalea, confusa.

—Quiero que conozca mis hierbas y mis remedios, para que sea mi sucesor.

¿Kaliq Zaba? ¿En el atolón del curandero? Pero... si acababa de llegar. No podía hacerse de nuevo a la mar,

rumbo a un atolón lejano, donde no podría verlo. Ante la idea de que se marchara tan lejos, Kalea comprendió que el náufrago ejercía una gran fascinación sobre ella, y también le provocaba una inquietud nueva y desconocida.

—Si él quiere ir —balbuceó—, yo no me opondré.

—¿Sabéis dónde está?

—No. Pero, en cuanto lo vea, os lo llevaré.

—Gracias, princesa. —El anciano fue a dar media vuelta, luego se detuvo y alzó una mano—. Una cosa más: si no os importa, no le digáis nada a Kaliq. Preferiría explicárselo todo yo mismo. Si estáis de acuerdo, claro.

—Estoy de acuerdo y me parece bien —respondió ella con voz quebrada—. Ahora, disculpadme, debo regresar a la corte.

Al llegar a su habitación, Kalea cerró la puerta y se quedó de pie, quieta. Sólo rompían aquel silencio mágico el sonido del mar deslizándose sobre la arena y el canto de algún pájaro. Miró a su alrededor: la vieja mesa lacada donde tenía sus cosméticos estaba justo a su lado. Hundió la mano en la polvera, suave y rosada. Luego sopló sobre su palma y un puñado de polvos voló por el dormitorio.

Una petición inesperada

Minúsculos granos se esparcieron por el aire luminoso de última hora de la mañana que entraba por la ventana. A la derecha, un espejo dorado, el único objeto de su madre que conservaba, reflejaba su imagen, y vio sus ojos insólitamente tristes. Y que su melena pelirroja, siempre brillante y sedosa, ahora se veía mate y revuelta.

¿Qué le ocurría? Estaba experimentado sentimientos nuevos, contradictorios. ¿El amor podía aportar tanta

tristeza? Según creía, ese sentimiento debía traer felicidad, serenidad. Al menos, siempre había soñado con ello, con un amor como el que había visto en los ojos de sus padres. Se tendió en su enorme cama de bambú trenzado y continuó soñando con los ojos abiertos.

17

Pietralga

El joven nadaba en las aguas cálidas y luminosas, donde estaba sumergida la ciudad de Pietralga. Antiguamente, en sus calles resonaban voces y ruidos, pero ahora estaba inmersa en el silencio hipnótico del mundo submarino.

Había dejado su embarcación en la superficie y, tras nadar con amplias brazadas, había bajado a las profundidades de agua cristalina. Cuando llegó a una de las calles principales, su corazón endurecido dio un vuelco. La imagen de aquel mundo hundido era única e increíble: imponentes estatuas de piedra blanca, cubiertas de algas multicolores, flanqueaban la calle adoquinada. El aspecto de aquel paseo principal aún transmitía lo que aquella gloriosa ciudad debía de haber sido en su máximo esplendor.

Edificios majestuosos a ambos lados, con bajorrelieves intactos en arquitrabes y cornisas. Por todas partes había signos de la riqueza y opulencia de un imperio pasado, aunque su belleza se viera reducida a ruinas.

Mientras nadaba con enérgicas brazadas, maldijo la arrogancia del Rey Sabio y, frente a un templo hundido en el fondo del océano, se juró de nuevo que devolvería a las cosas su anterior orden. El que debían tener. Su corte no sería una segunda Pietralga, no sería un imperio oculto en las profundidades y el olvido del agua. Muy pronto, ¡su corte despertaría! Nadaba con firme resolución, y podía permanecer bajo el agua más tiempo que cualquier otro ser humano. Detestaba sentirse humano, él se sabía único. Todo era un reto: debía superar sus limitaciones y ser cada vez mejor.

Mientras nadaba entre las ruinas más recónditas de la ciudad sumergida, encontró la entrada de varias grutas. Sabía que algunas islas de aquel reino se hallaban tras antiguas aberturas excavadas en la roca marina. Había estudiado a fondo la geografía del Reino de los Corales, y había pasado noches en vela memorizando los mapas

y las numerosas islas. Según creía, podía encontrar lo que buscaba, que debía de estar allí, oculto entre las islas, en alguna parte. Lo sabía... o quizá, más bien, lo esperaba.

Exploró la ciudad metro a metro, y sólo subía a tomar aire cuando se sentía los pulmones a punto de estallar. Entró en el que parecía uno de los edificios más importantes de la ciudad. Tras una pared de algas verdes, que descendían en cascada, como protegiendo algo, halló una pequeña abertura que conducía a una entrada muy estrecha, por la que sólo cabía una persona. Era el lugar más adecuado para esconder algo que nadie debía encontrar.

El joven entró y recorrió todo el espacio, hasta que la galería de roca empezó a subir hacia la superficie. Recorrió ese corredor ascendente nadando muy rápido, mientras sentía que el aire de los pulmones se le agotaba.

Salió a la superficie de un pozo submarino.

En la oscuridad, intentó inspirar aire, y lo encontró. Su respiración jadeante se fue regularizando poco a poco. A tientas, llegó despacio hasta la orilla. Después, un gran haz de luz se reflejó en la superficie del agua, iluminando perfectamente las extensas profun-

didades de aquella gruta de roca blanca, estalactitas y estalagmitas.

Exploró el espacio minuciosamente, palmo a palmo, sin encontrar lo que buscaba.

Volvió de nuevo a sumergirse, decepcionado, y siguió buscando.

18

La calle sumergida

Tras un largo sueño reparador, Kalea despertó con su buen humor habitual. Se desperezó y miró por la ventana entornada. Ya era media tarde.

Los acontecimientos de la mañana la habían agotado y tenía ganas de aspirar el aroma del mar. Nada la calmaba y animaba tanto como un largo paseo por la playa.

Se puso una sencilla túnica de algodón color lavanda y se recogió el pelo con una cinta de cuero. Sin hacer el menor ruido, se dirigió hacia la puerta de atrás del palacio, cruzó el laberinto y llegó a un pequeño arrecife. Entonces dio un silbido.

Aguardó unos minutos hasta que vio aparecer el dorso negro y brillante de *García*, su orca real. Kalea miró atrás por última vez y bajó al agua.

—Hola, *García* —la saludó, ya en el mar.

La orca daba vueltas a su alrededor, emitiendo silbidos estridentes que parecían carcajadas.

—¡Tit! ¡Tit! ¡Tit!

—¡Oh, cuánto te he echado de menos!

El animal tenía la piel resbaladiza y brillante, y saltaba bajo los pies de Kalea, mirándola con sus ojos diminutos.

—¿Qué te parece si me llevas a la Isla del Sol?

García se sumergió debajo de la princesa, y luego dio un gran salto, levantando cascadas de agua a su alrededor.

—¡Despacio! —rió Kalea—. O nos descubrirán...

—¡Tit!

—Estamos huyendo, sí. Tú y yo solas.

Al cabo de un instante, Kalea ya iba agarrada a la aleta dorsal de *García*, y la orca surcaba el mar. El acantilado de la Isla de la Luna quedaba a su derecha, y ambas saltaban las olas como dos criaturas del mar. La luz del faro siempre iluminaba el camino, día y noche, tal como había decidido su padre hacía muchos años.

La calle sumergida

Kalea volaba sobre las olas, montada en su orca preferida. En el reino estaban ocurriendo muchas cosas, todas a la vez. La llegada de Kaliq, la agresión a Purotu, el funesto presagio de Tiaré, la elección del sucesor del curandero... Todo se agolpaba en su mente.

—¿Qué debo hacer? —le preguntó a García, mientras saltaban y se sumergían en el agua.

—¡Tit! ¡Tit!

Hacía mucho tiempo que Kalea había aprendido a decidir sola qué era lo mejor.

Una vez más, la luz que llegaba desde el acantilado llamó su atención. La hizo pensar en Moea, la farera, solitaria e introvertida. ¿Qué estaría haciendo en aquel momento? La imaginó ordenando las caracolas y la colección de objetos marinos que tenía en las estanterías de su casa. Kalea era muy pequeña cuando los padres de Moea se perdieron en el mar durante una tormenta. Y la farera era una chiquilla cuando se fue a vivir a lo alto del acantilado con todo lo que poseía: ropa, unos pocos utensilios y unos cuantos libros.

«Comprender el sentido de las cosas es difícil», pensó Kalea.

—Quizá debería ir a ver a Moea —se dijo, mientras seguía avanzando con *García*. La mujer siempre le había dado muy buenos consejos. Quizá pudiera presentarle a Kaliq, igual que habría hecho con sus padres, para que le diera su opinión.

La princesa y su orca llegaron a la Isla del Sol casi al atardecer. Las sombras de las largas hojas de las palmeras se alargaban sobre la arena, rosada debido al reflejo del último sol. Parecían dedos que quisieran detener las olas. Kalea se sentía llevada por los acontecimientos como

no le había pasado nunca antes. Anduvo sin una meta concreta, contenta de sentir la arena fresca bajo los pies. El cielo se incendió de rojo y *García* empezó a saltar en el agua, y a trazar piruetas en el aire, sobre la blanca espuma de las olas.

Poco a poco, Kalea fue encontrando paz y tranquilidad. Caminó por la arena hasta que vio un remolino de espuma entre las olas, cercano a la orilla. Era un reflejo, un camino en el agua que ella conocía muy bien. Se llamaba «la calle sumergida».

Antes de irse, su padre le había dicho: «Recuerda, Kalea, esta calle te conducirá a un futuro seguro. Pero sólo debes recorrerla cuando tengas que tomar decisiones. Haz un buen uso de ella».

«No sé qué decisión tomar —pensó la joven—. ¿Debo pedirle a Kaliq que se quede en la corte, o impulsarlo a aceptar la proposición del curandero? ¿Debo escuchar las sospechas de Purotu y Tiaré o bien seguir mi instinto?»

Entró de nuevo en el agua. Tras unos primeros pasos en la arena, sus pies encontraron una superficie dura. Era la piedra del suelo de la calle. Kalea recorrió una parte mientras *García* la seguía, nadando a su izquierda. El mar estaba sereno, del mismo color rojo encen-

dido que las brasas de una hoguera; los reflejos del sol le permitían ver el trayecto oculto del sendero secreto, que se prolongaba hasta la Isla de la Luna. Era una calle de la antigua Pietralga, olvidada bajo la superficie de las olas.

El viento soplaba del este, tal como le había hecho notar Tiaré. Kalea pensó en su estrofa de la Canción del Sueño. Desde hacía meses, tal vez años, estaba sepultada en su memoria, pero ese día el viento le devolvió sus versos.

Para mayor seguridad, la estrofa había sido grabada en una lámina de plata guardada bajo llave en un cofre de coral oculto en un agujero de la roca, al final de la calle sumergida. Las cinco estrofas, que conservaban las cinco princesas, componían la antigua Canción del Sueño, cuyo poder nadie le había revelado hasta entonces. ¿Por qué Tiaré había decidido desvelarle el secreto justo en ese momento? Hasta ese día, la princesa sólo sabía que recitar la estrofa la ponía de buen humor. Siempre que estaba nerviosa, aquellos versos restablecían la armonía entre ella y su reino.

Rebuscó en su memoria y rememoró las palabras de sus versos, que eran la segunda estrofa de la Canción del Sueño:

Rey del sueño profundo,
soberano de la calma del mundo:

Espíritu de agua y sal,
yo te invoco, oh, Rey del mar abisal.

Condena al sueño eterno al tirano
que al Gran Reino hizo tanto daño.

Después de recitarla, Kalea cerró los ojos y esperó la calma que tanto deseaba. Intentó recordar las caras de sus hermanas. Debían de haber crecido y estarían muy cambiadas. Cuánto las echaba de menos...

—¡Tit! ¡Tit! —hizo *García*, en medio del mar.

Miró a su fiel orca y le sonrió. Lentamente, se dejó llevar por las olas, abandonó el trazado de la calle sumergida y se agarró de nuevo al dorso del animal. En pocos minutos, la llevó de vuelta a Flordeolvido, donde Kalea cruzó el laberinto de flores sin que nadie la molestara.

Se fue a dormir, feliz, y dedicó su último pensamiento a Kaliq.

«Mañana... mañana te llevaré a hablar con el curandero», se dijo.

Luego, antes de que el sueño la venciera, en el silencio del dormitorio oyó un ligero batir de pequeñas alas. También le pareció percibir un leve murmullo, que le susurraba al oído una pregunta:

—¿Dónde está la estrofa?

Se revolvió en la cama, intentando retener los fragmentos de sueños que la atormentaban y responder al murmullo con la esperanza de acallarlo.

19
Un nuevo curandero

El curandero de las islas atendía a los pacientes en uno de los salones del ala norte de palacio, que Kalea había mandado construir sin techo para poder admirar el cielo. Era un día de sol espléndido, sin nubes. La brisa del este, fresca y constante, lo había despejado. Una red decorada con colgantes de espejo provocaba un baile de luces por todas partes. El anciano estaba sentado sobre unos almohadones de colores que rodeaban una mesa baja de arena calcificada. Se levantó al oír entrar a la princesa acompañada de Kaliq. Kalea llevaba un precioso vestido de noche verde esmeralda, con perlas grises bordadas.

Se había recogido el pelo con unas horquillas en forma de concha y su hermoso y agraciado rostro quedaba más a la vista. Kaliq Zaba vestía un conjunto sobrio de gasa oscura de suave caída. El curandero inclinó la cabeza cuando la joven entró con su invitado.

—Buenos días, princesa, y gracias por haber acompañado hasta aquí a vuestro huésped.

—Ha sido un placer hacer lo que me pedisteis —respondió ella, con un tono dulce y sereno—. Ya sabéis

que estoy en deuda con vos por lo que hicisteis en Flordeolvido. Y ahora, os dejo. Me imagino que tendréis que hablar de temas delicados.

El anciano y Kaliq se saludaron de nuevo con una reverencia y esperaron a que la princesa saliera para sentarse a hablar.

—Quería veros por un motivo muy importante, profesor Zaba.

—Os escucho.

—Como sabéis, soy el curandero del reino, el depositario de conocimientos milenarios. Unos conocimientos que me gustaría transmitirle a un digno sucesor, que hasta ahora no había encontrado... Hasta que vos llegasteis.

Kaliq abrió mucho los ojos, con una expresión de estupor, sin saber qué decir.

—Comprendo que estéis sorprendido —dijo el hombre—. Os ruego que me escuchéis.

—Creedme, tenéis toda mi atención.

—Esto no es un encargo, ni una oferta de trabajo. Ser curandero es una vocación, y sólo depende en parte de la voluntad personal. Es necesario poseer determinadas cualidades innatas que no se adquieren con el tiempo.

Al ver que el joven seguía guardando silencio, el viejo prosiguió:

—Para ser más claro y concreto, voy a deciros la cualidad más importante de todas: ver lo invisible.

—¿Podríais explicaros mejor?

—Os pondré un ejemplo. Cuando miráis a un enfermo, no veis la enfermedad, sólo veis los efectos de la misma en el cuerpo, ¿no es cierto?

—Sí.

—¿Podría decirse que un buen curandero sería capaz de «ver» la enfermedad con cierta antelación, de reconocerla desde sus primeros síntomas?

—Sí, así es.

—Por tanto, sólo quien puede ver lo invisible es capaz de salvar vidas.

—Comprendo vuestro razonamiento, y me parece fascinante. Pero no sé por qué creéis que yo... si lo he entendido bien... poseo esas cualidades... —dijo Kaliq, divertido con el cariz que estaba tomando la conversación.

—Veréis, profesor Zaba...

—Llámeme Kaliq, por favor.

—Como queráis... Kaliq. A lo largo de los años, he aprendido a conocer a las personas mirándolas a los

ojos. Y en los vuestros he visto lo que estaba buscando desde hace tiempo.

Entonces, el anciano cogió un saco de cáñamo oscuro que tenía junto a él, lo abrió, sacó varias bolsitas del mismo material y las colocó ordenadamente en la mesa baja.

—Quiero enseñaros una cosa —dijo.

—Hierbas medicinales —comentó Kaliq.

—¿Sabéis cuáles son?

—No llevo mi instrumental, pero... —Levantó las bolsas a contraluz, luego las abrió y probó su contenido con la punta de la lengua—. Creo que esto es... acónito, ¿es así?

El anciano no respondió directamente.

—Cada bolsa contiene un medicamento, cuya receta, en todo el reino sólo conozco yo. Cada enfermedad tiene su tratamiento, pero el tratamiento nunca es el mismo para cada enfermedad.

—Lo comprendo perfectamente. La naturaleza tiene sus propias reglas.

—Entonces también sabréis que es muy difícil establecer el límite entre medicamento y veneno.

Kaliq observó de nuevo el contenido de las bolsitas.

—¡¿Me habéis dado a probar veneno?!

—Hay venenos que neutralizan otros venenos. Y también polvos y pociones que neutralizan venenos.

—¿Pociones mágicas?

El curandero asintió gravemente.

—Ya, pero... la magia... ¡está prohibida!

—Sí. Ambos sabemos que, en el pasado, se prohibió en el Gran Reino, y ahora en todos. Pero eso no significa que las antiguas pociones hayan perdido su efecto. Algunos lugares y objetos siguen siendo mágicos. Pensad en el laberinto de flores que rodea el palacio... ¿Nunca os habéis preguntado por qué sólo algunos podemos cruzarlo, mientras que otros se pierden? Según dicen, en el Reino de los Hielos Eternos también existen lugares así. Escuchadme, Kaliq: la magia aún existe. Sólo que pocos lo saben, y pocos son capaces de utilizarla con cuidado y habilidad. Si se utiliza mal, puede ser muy peligrosa, como en tiempos del Viejo Rey tirano.

—¿Por qué me contáis todo esto?

—Porque no queremos volver a los viejos tiempos. Quiero enseñaros mis secretos, compartirlos con un científico como vos que pueda sucederme cuando el mar me llame para siempre.

—¿Y qué proponéis exactamente?

—Os estoy hablando de un largo período de soledad y de prueba, a cambio de aprender todo lo que yo os puedo enseñar para convertiros en el nuevo curandero del Reino de los Corales.

—Yo... sinceramente... —Kaliq Zaba sacudió la cabeza, confuso—, no sé qué responderos. Me embarqué para estudiar unas especies botánicas peculiares, y ahora...

—Eso es exactamente lo que os propongo que hagáis —lo interrumpió el anciano con una sonrisa.

20

La Isla de la Luna

Kalea recorría a paso rápido el pasillo de Flordeolvido. Tras acompañar a Kaliq Zaba con el curandero, pensaba ir al faro a pedirle consejo a Moea, en quien confiaba ciegamente. Mientras salía del palacio, se encontró, mejor dicho, se tropezó con Purotu.

—¡Kalea! —exclamó el chico—. ¡Por fin te veo!

—Lo siento, hermanita —intervino Naehu, que apareció detrás de ellos—, ¡no he podido detenerlo!

—¿Detener a quién?

—¡Tengo pruebas, Kalea! —declaró Purotu, muy exaltado—. Pero no podemos hablar aquí. —Y la empujó hasta un rincón del palacio. Después, tras compro-

bar que no había nadie cerca, le susurró—: El profesor Zaba es un impostor.

—¿Cómo?

—Se lo he preguntado a todos los pescadores —continuó el chico—. Los he mandado al Mar de las Travesías.

—¿Has mandado a los pescadores al Mar de las Travesías? ¿Y eso por qué?

—Para buscar pruebas de lo que nos contó: del ataque pirata, del naufragio... Y adivina: ¡ni rastro de piratas! Y tampoco hay restos ni indicios de barcos hundidos. Nadie vio ni oyó nada. O sea que no hubo ningún ataque. El profesor Zaba miente.

Ella miró a sus dos hermanos.

—Ya te lo he dicho —dijo Naehu, encogiéndose de hombros—. ¡No he podido detenerlo!

—¿Por qué te obsesiona tanto el tema, Purotu? —le espetó Kalea—. ¿Qué te ha hecho Kaliq?

—Siempre lo llamas Kaliq, como si fuera un amigo. ¡Y no es amigo nuestro! —gritó su hermanastro—. No quiero que viva en el palacio.

—Ya hablamos de ello, Purotu... No seas tan impulsivo.

—¡Me agredió! ¡Quería matar al Pez de Oro!

—Kaliq salvó al Pez de Oro y llamó al curandero para que te ayudara —contestó ella sonriendo—. No te agredió.

—Sí me...

—Estás exagerando, Purotu. Tus temores son excesivos. Kaliq es una persona respetable —intentó tranquilizarlo la joven—. No hay ningún peligro.

—Pues los pescadores...

—No les des más órdenes a los pescadores —dijo Kalea, riendo—. Creo que puedes esperar un poco antes de empezar a gobernar mi reino.

—Pero... —intentó replicar él.

—Ahora vete a tu habitación y descansa un rato. Consúltalo todo con la almohada.

El chico no soportaba que su hermana no se lo tomara en serio, de modo que dio media vuelta y desapareció.

Naehu y Kalea permanecieron juntos.

—Ya sé que lo hace para protegerme y defender el reino —suspiró la chica—, pero a veces exagera mucho.

—Purotu tiene la cabeza muy dura —sonrió Naehu—. Que se lo digan a la pecera del Pez de Oro...

—¿Puedes ir con él y tranquilizarlo? —le pidió ella, mirándolo con afecto—. Yo tengo que ir a ver a Moea.

—Claro, no te preocupes, yo me encargo. Tú haz lo que debas, y procura estar tranquila.

Kalea dio unas órdenes rápidas, informando de su ausencia, y luego le dijo a *García* que la llevara a un lugar oculto, al pie del acantilado, en la Isla de la Luna.

Subió por un sendero muy empinado, excavado en las rocas. Las gaviotas volaban a su alrededor. ¡Le encantaba el aire del mar!

Al cabo de una media hora de camino, llegó al lago de agua dulce que había en medio de la isla. Estaba rodeado de rocas basálticas negras, que procedían del fondo del mar.

En un pasado muy lejano, la Isla de la Luna formaba parte de ese fondo, y Pietralga estaba en la superficie. Un violento terremoto y la erupción del volcán habían hecho que la isla emergiera y que la ciudad quedara sumergida. En lo alto del acantilado, seguía soplando

[... sigue en la pág. 137]

Los secretos
de Kalea

Hace mucho tiempo, antes de la erupción del volcán submarino, existía la ciudad de PIETRALGA. Hoy, esa ciudad está sumergida en el mar, y el volcán se ha transformado en la maravillosa Isla de la Luna.
PIETRALGA
VOLCÁN
ISLA DE LA LUNA
PIETRALGA

Antes, mi palacio FLORDEOLVIDO se llamaba Florazul, porque, según dicen, estaba cubierto de pétalos azules. Cierr los ojos e intento imaginarlo... mientras e viento, que huele a mar, entra cantando p las ventanas...

MAPA DE FLORDEOLVIDO
HABITACIÓN DE KALEA
HABITACIÓN DE PUROTU Y NAEHU
SALA DEL ACUARIO
ALA DEL TRONO
COCINA
LABERINTO DE FLORES

PUROTU
Mis HERMANOS se quieren mucho, aunque discuten con frecuencia. Cuando compiten con sus piraguas, me divierto haciendo de juez.
NAEHU

Me contaron
que aprendí a
remar y a ir en
barco antes que a
nadar. Estoy muy
orgullosa de ello...
... ¡las piraguas son muy
importantes en nuestras islas!

Me encantan
las JOYAS. Mis
preferidas son unos
pendientes de perlas
negras, porque
parecen lunas
de plata.
Siempre
he pensado que
la mujer del
camafeo podría
ser mi madre.

Este año, la noche de las Mil Luces fue distinta.
Múltiples velas iluminaban el jardín, y bailé con Kaliq
toda la noche. La emoción me dejó sin aliento.
Fue inolvidable...

El PEZ DE ORO es precioso. Los pescadores del reino conocen todos los trucos para capturarlo. Es nuestro animal más preciado. ¡Sus escamas doradas pueden curar cualquier enfermedad!

JAY JAY,
¡el mensajero!
INA, ¡nuestra
limpiadora!
En el Reino de los Corales,
los ANIMALES viven
en completa armonía
con los hombres...
GARCÍA, la orca del reino, es fiel y
leal. ¡Me protege de los peligros del mar!

Cuando tengo problemas... ¡no sé qué haría
sin los consejos de Moea! Vive en el faro,
rodeada de objetos procedentes del mar...
tal vez porque ella también procede del mar.

EL FARO es el punto más alto dol reino,
¡el único desde el que se puede admirar el mar
infinito! ¡En las noches de tormenta, las grutas
de la Isla de la Luna resuenan como una orquesta
de ballenas!

Al fin he descubierto por qué el LABERINTO de mi jardín cambia continuamente. ¡Los setos no tienen raíces! Y también he descubierto que... bueno, ¡quizá deba guardar un poco más este pequeño secreto!

Los perfumes que
Tiaré prepara son
casi mágicos. Me
encanta la esencia
de coco, fresca y
dulce... me pone
de buen humor...

[... viene de la pág. 136]

aquel viento que no daba tregua al reino desde hacía días. A veces era más fuerte e impetuoso, y levantaba pequeños remolinos de agua.

Kalea intentó apartar de su pensamiento la revelación de Tiaré.

—¡Tit! —la llamó *García* desde el mar.

Kalea se despidió de ella con un gesto de la mano y avanzó a buen paso por el sendero que llevaba al faro. Tenía frío, y esperaba entrar en calor mientras andaba. Tras unos minutos, llegó frente a una pequeña puerta roja, con un cartel que decía: «LLAMAR FUERTE».

21

Moea

Moea se disponía a beber una humeante taza de su infusión de algas favorita, cuando alguien llamó a la puerta. Dejó la taza en una mesa de madera y se levantó a regañadientes.

Cuando vio a Kalea, sus pequeños ojos oscuros se iluminaron.

—¡Princesa! —exclamó—. ¡Qué alegría veros! Seguro que os estáis muriendo de frío. Pasad, os traeré una manta.

La joven entró en el faro, y el calor de la estancia la reanimó. Conocía muy bien aquella vivienda tan peculiar. Cuando era pequeña, le gustaba jugar en la sala pequeña y redonda, y correr entre las estanterías largas

y estrechas, llenas de libros y caracolas. Moea le dio una manta de algodón, muy sencilla pero caliente, y las dos se sentaron a beber una taza de infusión de algas.

—Me apetece mucho —dijo Kalea, envolviéndose en la manta.

—¿Cómo es que habéis venido a verme, princesa? —preguntó la farera.

—Por ningún motivo en particular...

—¿Y pretendéis que me lo crea? —inquirió Moea, y siguió esperando una respuesta.

Ella sonrió y bebió un poco de infusión.

—He venido a verte para saber cómo estás.

—Bien, gracias. Ya sabéis que mi compañía es el mar, y que me dedico sobre todo a leer —contestó la mujer, y miró las estanterías.

Kalea lanzó una ojeada al voluminoso libro que había en la mesa: *Catálogo razonado de famosos veleros de hielo muy antiguos, menos antiguos y futuros*.

—Parece interesante —comentó, y cogió el volumen. Tenía una cubierta de piel muy elegante, color azul intenso, con la imagen grabada de un velero plateado.

—Oh, sí, princesa, lo es...

—¿Has encontrado algún objeto nuevo para tu colección? ¿Los restos de algún naufragio reciente?

—No, nada nuevo. Por suerte, no ha habido ningún naufragio. ¿Por qué lo preguntáis? ¿Qué os preocupa?

—Se trata de un chico, Moea —confesó al fin ella, frunciendo los labios.

—¿Un chico? ¿Qué tipo de chico?

—Uno en el que pienso continuamente —explicó la joven.

—Comprendo.

—¿Me comprendes? ¿En serio? ¿Has estado enamorada alguna vez? —preguntó Kalea, azorada.

—¿Ya habláis de él en esos términos? —dijo Moea, muy sorprendida por la pregunta.

—El caso es que no sé si...

De pronto, se oyó un batir de alas.

—¡Ese pájaro cabezota! —exclamó la farera, en tono de reproche.

Tras disculparse con la princesa, se levantó y subió la escalera, protestando cada vez que tropezaba con algo que, según ella, no estaba en su sitio. Moea no era ordenada, y apilados contra las paredes que rodeaban la escalera de caracol que llevaba a lo alto del faro tenía gran cantidad de objetos, testimonios de la vida de la mujer en la Isla de la Luna. Cabos de velas, trozos de cascos de embarcaciones, amarras y cuerdas de todo tipo. Al pie de la escalera, había un ancla oxidada, en un espacio decorado con muebles de viejos barcos que los pescadores del Reino de los Corales le regalaban a Moea. Por las diminutas ventanas que daban al mar, entraba muy poca luz.

—Esa gaviota debe de haber entrado diez, no, doce veces. Cierro la ventana, pero no hay manera, ella la abre con el pico, se mete dentro y luego protesta porque no puede salir.

Mientras la mujer convencía al pájaro para que volara fuera, Kalea se acercó a los libros y leyó los títulos con curiosidad. Uno de ellos le llamó en seguida la atención.

—*Genealogía ilustre de la familia real del Gran Reino* —leyó en voz alta.

Sacó el volumen polvoriento y vio que era grande, pero no muy grueso. Tenía una cubierta negra, con el título y los cantos de las páginas dorados. Parecía un libro importante. Se sentó para manejarlo con más facilidad. Lo abrió al azar por una página en la que sólo había retratos. Muerta de curiosidad, lo hojeó hasta las últimas páginas, donde encontró una imagen de sus padres.

Le dio un vuelco el corazón y recordó su niñez, junto a sus cuatro hermanas. La invadió una profunda nostalgia y cerró el libro con cierto temor. Luego volvió a abrirlo y pasó las hojas hasta encontrar la mirada dura y cruel de un retrato. En una página se veía a cinco hombres y un niño. Leyó las interminables columnas de nombres que había junto a las imágenes; eran los generales del Viejo Rey. En sus ojos brillaba una luz siniestra que le resultaba familiar.

El autor del libro no había anotado el nombre del niño, pero, por la posición que ocupaba, Kalea pensó que debía de ser el hijo del Viejo Rey. ¿Cuántos años

tendría en la imagen? ¿Dos? ¿Tres?

—¡Espero que sea la última vez que entra! —exclamó Moea, al volver a la sala circular—. Esa gaviota es una pesada... ¡menos mal que ya se ha ido!

La joven la observó sonriendo.

—Siento haberos dejado sola —dijo la farera—. ¿De qué estábamos hablando? —Entonces vio que la princesa sostenía un libro—. Ah, habéis encontrado distracción. Mejor, así no os habréis aburrido.

—En absoluto, Moea.

Entonces le enseñó el retrato del Viejo Rey.

—Ah, sí... ¡qué cara tan horrible! —La voz de la mujer sonó más apagada.

—¿Y quiénes son los demás?

—Junto al Viejo Rey... —murmuró Moea señalándolos uno por uno—, el Consejero Brillante, el General de Latón, el Mago de los Elementos y el Alquimista Gris.

—¿Y el niño?

—Ah, ése —dijo la farera, y observó mejor el retrato—. Me parece que era el primogénito del rey.

—¿El Viejo Rey tenía un hijo?

—Creo que sí. Pero, como veis, era muy pequeño cuando vuestro padre derrotó al suyo.

—¿Y cómo se llamaba?

—Oh —exclamó Moea, y negó con la cabeza—, no me acuerdo. Da igual, todo eso es agua pasada. Aquel reino ya no existe y esos personajes tan sombríos fueron derrotados y alejados para siempre.

—¿Puedo quedarme el libro? —preguntó la princesa.

—Por supuesto. Es vuestro, lo mismo que los otros libros. Yo sólo los guardo. ¡Ah! Ya recuerdo de que estábamos hablando: de amor. Me habíais preguntado si he estado enamorada.

—Exacto.

—Pues sí —confesó la farera—, una sola vez.

—¿En serio? —Kalea estaba sorprendida, pues no recordaba que Moea hubiese salido nunca del faro, ni de la Isla de la Luna. Y tampoco solía recibir visitas—. ¿De quién?

—Oh, entonces era muy joven. Joven y tonta.

—Pero ¿te acuerdas?

—Claro que me acuerdo. Él era alto, decidido... e infinitamente sabio.

—No me tengas en ascuas. ¿De quién estás hablando?

—De Haldorr —susurró la mujer, y sonrió con picardía.

—¿El bibliotecario de Arcándida?

—¡El mismo! Antes de ser bibliotecario de Arcándida, era el responsable de todos los libros del reino. Es un pasado del que no solemos hablar, ni él ni yo. Para Haldorr fue muy difícil y triste tener que separar los volúmenes, y decidir cuáles iba a dejar y cuáles iba a llevarse.

—¿Y tú...?

—Yo lo ayudé, por supuesto —declaró Moea—. Y fue una época maravillosa. Antes de que se fuera, claro.

—Antes de que él se fuera... —Kalea suspiró—. ¿Y no hiciste nada para retenerlo?

—No podía. Yo sólo era una chiquilla... —La farera observó el rostro de la joven, y añadió—: Decidme, princesa, ¿vuestro amado también está a punto de irse?

—Puede que sí.

Sus ojos tenían una expresión tan infantil y dulce que Moea no pudo reprimir una sonrisa.

—Escuchadme con atención —dijo—, os voy a contar mi historia.

Mientras, había anochecido. Las dos mujeres charlaban a la luz de las velas, mientras el faro iluminaba el cielo estrellado.

22
El laberinto

Kaliq Zaba hurgó en sus bolsillos y sacó la bolsa con los polvos medicinales que el curandero le había dado cuando se despidieron.

«Cuando me deis vuestra respuesta, Kaliq —le había dicho el anciano—, decidme también si estos polvos son medicina o veneno.»

Sin duda, se trataba de un examen para comprobar si el joven podía ver más allá de lo visible. El corazón de Kaliq estaba dividido: por una parte, la proposición del curandero era muy interesante. Por otra, estaba la princesa Kalea y lo que estaba naciendo entre ellos. Tenía que hablar muy seriamente con ella.

Entró en la cocina del palacio y le preguntó a Emiri:

—¿Has visto a la princesa?

El cocinero estaba colocando con envidiable maestría una corona de gambas crudas sobre un lecho de moluscos frescos.

—¿La princesa? No, creo que no la he visto... —respondió distraído. Luego se dirigió a uno de sus loros—: ¡Tú, date prisa con el coco! ¡Dale fuerte con el pico!

—¿Sabes a quién le puedo preguntar?

—A Tiaré, la chica de las flores —contestó el hombre.

Kaliq Zaba permaneció unos instantes ante el laberinto antes de decidirse a entrar. Según decían, el Rey Sabio lo había mandado construir para que los malhechores no pudieran acceder al palacio, aunque también se rumoreaba que quienes conocían los secretos del laberinto podían utilizarlo como un excelente refugio. Desde que estaba allí, Kaliq siempre lo había cruzado junto con Kalea o sus hermanos. Nunca solo.

Pensativo, se adentró por los caminos ordenados y bien cuidados, fijándose en todos los detalles. Los setos que delimitaban los senderos estaban cuajados de flores multicolor, cuyo intenso aroma embriagaba a Kaliq. Las rozaba con los dedos y reseguía los contornos de los pétalos, suaves y aterciopelados, admirado ante tanta belleza. Casi tenía la sensación de que las flores retrocedían, como si quisieran evitar su contacto.

—¿Princesa Kalea? —empezó a llamar, tras dar unas vueltas por el laberinto.

Llevaba un rato andando, no sabía cuánto, y la pierna le empezaba a doler.

—¿Princesa Kalea? —gritó, más fuerte.

¿Es que nadie lo oía?

Comenzó a andar más de prisa, en busca de una salida, y cada vez sentía más pánico. El aire del jardín se volvía más denso y a Zaliq le costaba respirar; el aroma de las flores era casi insoportable. Avanzó, retrocedió, volvió sobre sus pasos. Anduvo y anduvo, pero sin ver ni rastro de la salida.

Al final, tuvo que rendirse a la evidencia: se había perdido. Primero se enfureció, incapaz de aceptar el hecho de estar atrapado en un laberinto de plantas. Precisamente él, que se dedicaba a estudiarlas y se consideraba un experto. Luego se calmó, consciente de que, si perdía la cabeza, no saldría nunca de allí.

Estaba cansado. Se sentó en el suelo para descansar la pierna y recogió unas piedras. ¿Por qué Kalea no lo oía?

¿Y por qué no encontraba el camino de salida? El curandero tenía razón. Aquel laberinto era mágico, por eso lo había atrapado. ¿Y por qué el anciano lo había elegido como sucesor? Probablemente, había intuido que la magia no le resultaba desconocida. Pero ¿cómo lo había averiguado?

Cogió la bolsa de acónito que llevaba en el bolsillo y echó un poco sobre las piedras que tenía en la mano. Entonces, cerró los ojos y recitó unas palabras secretas.

De pronto, las piedras empezaron a rodar unas sobre otras, indicándole el camino.

Las flores del laberinto vibraron, y las plantas de los setos parecían inclinarse a su paso. Kaliq estaba asustado y al mismo tiempo emocionado. Hacía mucho que no recitaba aquellas frases. Miraba al suelo sin dejar de seguir las piedras, incrédulo y a la vez ansioso por saber adónde lo conducirían.

Inesperadamente, las piedras lo guiaron a una especie de callejón sin salida, un punto donde el seto se cerraba y por donde no se podía avanzar. Entonces Kaliq vio

que las tres piedras rodaban hasta la pared y desaparecían en ella. Había un pasadizo secreto.

El joven se acercó al seto de flores, y percibió algo, una voz.

—¿Princesa? —preguntó.

No había nadie. Pero volvió a oír algo.

Acercó la oreja al seto y oyó unas voces procedentes de las flores. Dio un paso atrás para comprobar si había alguien al otro lado de las mismas. Nadie. ¡Aquello era increíble!

Metió la mano en el seto, y hundió todo el brazo hasta el otro lado.

—¡¿Kaliq?!

Él retiró en seguida la mano.

—¿Qué hacéis aquí? —Era la voz de Kalea.

~*~

Kaliq sonrió y avanzó hacia ella. Se alegraba de verla. Ya se sentía más tranquilo. Se le olvidaron la tensión, las voces misteriosas y los hechos extraños.

—Os he buscado por todo Flordeolvido, princesa, incluso he ido donde no debía. —Rió antes de añadir—: Y me he perdido en el laberinto.

—¿No habéis podido salir de él?

Con pocas y cuidadosas palabras, Kaliq Zaba le contó lo ocurrido. El relato dejó perpleja y dubitativa a Kalea. Ella sabía que el laberinto retenía a los indeseables. ¿Es que el joven tenía algo que ocultar? ¿Era posible que Purotu tuviese razón? Trató de apartar esas ideas de su mente y empezó a hablarle a Kaliq de su visita al faro, del mar y de Moea.

—¿Os han acompañado vuestras orcas?

—Claro, no hay otra forma de ir —sonrió la princesa, tranquila, mientras las luces se reflejaban en su melena pelirroja—. Además, me encanta navegar montada en *García*. Por cierto, ¿para qué me buscabais?

—Por el curandero de las islas —respondió Kaliq—. ¿Vos sabíais lo que me iba a proponer?

—Sí —asintió Kalea—. No olvidéis que soy la princesa del reino.

—Su proposición es un gran honor para mí. Mi sueño siempre ha sido profundizar en la ciencia botánica, aprender todos los secretos de la preparación de hierbas medicinales.

Ella se volvió a contemplar el mar, para que Kaliq no viera su turbación.

—¿Y qué habéis decidido?

—Aún no he decidido nada, princesa. Primero quería hablar con vos.

—¿Conmigo? ¿Y cómo podría influir yo en vuestra decisión?

Kaliq estaba unos pasos detrás de ella. Kalea oía su respiración, lo percibía muy cerca. Moea le había dicho: «Antes que princesa, sois una chica joven, y es normal que una chica sienta deseos de enamorarse».

—Me habéis salvado la vida, princesa. Y ahora estoy atado a vos.

—Podéis decidir lo que queráis. Podéis iros con nuestro curandero a su atolón perdido, o...

—¿O...? —repitió él a su espalda.

Se produjo un interminable silencio. Kalea no terminó la frase, y Kaliq no insistió. La princesa habría podido decir: «... o podéis quedaros un tiempo conmigo en Flordeolvido, y así me conoceréis mejor».

Fuera como fuese, ninguno de los dos se atrevió a añadir nada, y el momento de hablar pasó. La princesa dejó de mirar el mar, y observó dos piraguas que había en el embarcadero.

Vio que Anoi subía a una de ellas y se alejaba mar adentro.

—Es hora de volver —dijo, y se fue a su habitación.

23

Una salida al mar

A la mañana siguiente, Kalea despertó con ganas de ver a Kaliq. La charla de la noche anterior había sido agradable, pero habían quedado muchas cosas por decir, y ahora necesitaba verlo.

La piel bronceada de la joven resaltaba con el fino vestido de algodón y seda blanca que llevaba, con extravagantes y divertidos adornos de algas. Su melena le caía suelta sobre los hombros, lo que le daba un aspecto muy romántico y favorecedor.

Vio a Kaliq de lejos, sentado en la terraza, con la mirada concentrada y absorta. E intuyó que aquel rostro aparentemente duro, ocultaba una alma sensible.

—¿Os gustaría que saliéramos al mar? —preguntó con ojos brillantes, pillándolo por sorpresa—. Hay historias fascinantes sobre estas islas.

—Oh, buenos días, princesa —respondió él—. No os he oído llegar. ¿Salir al mar? ¿Por qué no? Siento gran curiosidad por los relatos que hablan de vos y de vuestro reino...

Dieron una vuelta completa a la Isla de la Luna, navegaron por encima de la calle sumergida y luego viraron hacia la antigua Pietralga. Kaliq remaba con entusiasmo mientras escuchaba los relatos de ella, que hablaba con voz tranquila de su reino, de las fiestas, de cómo el cálido verano de las islas cesaba de repente, y entonces empezaba una estación de largas y tristes lluvias. También aludió al extraño viento del este, pero sin mencionar la historia que le había contado Tiaré.

La piragua avanzaba rápida y silenciosa por el mar ligeramente encrespado. Una suave brisa acariciaba los rostros y cuerpos de los jóvenes, atenuando el calor del sol, muy alto en el cielo sin nubes.

Cuando pasaron por encima de Pietralga, Kalea se asomó y miró hacia abajo, al azul cobalto del mar.

—Si la luz lo permite, desde aquí arriba se ven los restos de la antigua ciudad...

—Nunca he estado ahí, debe de ser magnífica.

—Lo es.

—Si queréis, podemos bucear un poco —propuso Kaliq Zaba, apoyando el remo en el borde de la piragua.

—¿Lo decís en serio?

—El hecho de que naufragara en vuestra playa no significa que no sea un buen nadador.

La princesa no respondió, sonriendo apenas.

—¿Vamos? —Él señaló el agua que los rodeaba. Era muy tentadora, de un azul con matices verdosos cuando había bancos de algas cerca.

—Vamos —aceptó ella. Y se tiró con la gracia de una ave acuática. La Princesa de los Corales no tenía nada que envidiarles a sus hermanas en cuanto a belleza se refería.

A los pocos segundos, Kaliq también se lanzó al mar. Nadaron el uno junto al otro en las aguas cristalinas. Kalea le iba señalando los bancos de peces multicolor y la inmensa ciudad sumergida de Pietralga, con sus palacios vacíos y sus calles silenciosas. De vez en cuando, el joven bajaba a explorar de cerca algunos rincones, asustando a las criaturas marinas que dormían tranquilas en ellos. Cuando subían a tomar aire, comentaban lo que habían visto, y volvían a sumergirse en seguida.

De pronto, la sombra grande y larga de un tiburón se acercó a la princesa por detrás. Ella no la vio, pues estaba observando una pequeña planta que había crecido en la mano de una estatua.

Kaliq no perdió el tiempo. Se sacó un cuchillo del cinto y nadó a toda velocidad. Kalea no se hallaba muy lejos, pero estaba tan concentrada en la estatua que no se había dado cuenta de nada. El joven alcanzó al enorme pez, lo apuñaló en el costado, lo asió por la cola y tiró de él salvajemente.

Ella se volvió, y su rostro se cubrió de burbujas.

Al comprender lo que ocurría, empezó a nadar muy rápido hacia la superficie, en dirección a la piragua.

Mientras, Kaliq y el tiburón luchaban en un torbellino de cuerpos y escamas.

Al final, el animal se alejó, y desapareció en las profundidades, y el joven subió a la superficie.

—¡Kaliq! —gritó la princesa—. ¿Estáis bien?

—Creo que sí. ¿Y vos?

Ambos subieron a la piragua.

—¿Os habéis asustado?

Sin responderle, Kalea se refugió en sus brazos. Él la abrazó, sin hablar.

—De no ser por vos... estaría muerta —dijo al fin—. No sé cómo daros las gracias.

—Tal vez el tiburón no os habría atacado. Pero... mejor así.

—Habéis sido muy valiente.

—Y vos también —afirmó él.

La princesa esbozó una dulce sonrisa con ojos llenos de admiración. Luego dijo:

—No os vayáis, Kaliq...

—Si vos me lo pedís, no me iré.

—No puedo pedíroslo.

—¿Por qué no? ¿Qué secretos se ocultan en vuestro corazón?

—Más de los que imagináis —respondió ella, y le cogió la mano.

—¿Habéis visto? —sonrió Kaliq, y señaló un insecto que paseaba por el fondo de la piragua.

—Nuestro escarabajo nos sigue.

—Lo decís en broma, ¿no?

—¡No! ¡Mirad, está aquí con nosotros! —rió el joven, y lo levantó con la punta del dedo—. ¿Significará algo?

—Algo insólito, seguro...

—Tan insólito como lo que sentimos el uno por el otro —dijo él, y dejó al insecto en el borde de la piragua—. Insólito y tal vez excepcional.

—No digáis eso.

—Y vos, por favor, no me ocultéis vuestros secretos...

—Está bien —suspiró Kalea—. Quiero contaros una cosa.

Los ojos del joven se iluminaron, y la brisa del este agitó el agua, que les salpicó la piel y los refrescó. Kalea miró a lo lejos, hacia el acantilado situado frente a ellos, imponente y oscuro sobre el agua cristalina, que reflejaba su sombra.

—¿Veis esos peñascos?

—¿Los que están muy cerca del banco de tiburones? —bromeó Kaliq.

—Los arrecifes de la Isla de la Luna ocultan uno de mis secretos. El más importante.

—No me confeséis nada de lo que podrías arrepentiros —la advirtió él.

Pero Kalea necesitaba hablar, compartir con alguien lo que, hasta ese momento, había guardado para ella sola. Con alguien en quien sentía que podía confiar.

—¿Recordáis cuando os hablé de los Cinco Reinos?

—Claro que sí.

—Cada estrofa de la Canción del Sueño está dedicada a uno de ellos, y a su vez forma parte de un secreto mayor, representado por la Canción del Sueño: la última gran magia de estas tierras... —añadió—. Mi padre la utilizó para dormir al Viejo Rey, el gobernante del Gran Reino, que incluía todos los reinos de hoy. Mis hermanas y yo conocemos una estrofa cada una,

lo que nos ata indisolublemente al destino de todos los reinos.

—¿Y vuestra estrofa está en esos arrecifes?

—Al final de la única calle que conduce a ellos.

Kaliq guardó silencio.

—Una calle que, en realidad, no existe —susurró Kalea.

—¿Qué queréis decir?

—Que sólo es visible al atardecer. —Luego se volvió hacia él—. Creo que he hablado demasiado... —añadió, algo arrepentida.

—Será mejor que volvamos a Flordeolvido —propuso Kaliq.

«No hago más que soñar despierta», se dijo. Pero Moea le había sugerido que se comportara de ese modo. Le había dicho que fuera ella misma y no ocultara nada. ¿Por qué iba a desconfiar de aquel joven? No había motivo...

—No os vayáis, Kaliq.

—No me iré —dijo él, y la abrazó.

Luego, comenzó a remar directo a Flordeolvido.

24
Versos en la arena

El sol estaba a punto de ocultarse tras la línea violeta que separaba el mar del cielo.

Naehu, tendido en la arena fina y aún tibia de Bahía Blanca, admiraba el espectáculo, que cada día le parecía distinto. Llevaba su cuaderno de poemas, listo para escribir las palabras que las olas hubieran querido conservar. Cada tarde, Naehu escribía sus versos en la arena de la orilla, y durante la noche el mar borraba algunos. Al día siguiente, él anotaba los que quedaban. Al fin y al cabo, eran versos inspirados por el mar, y era justo que éste escogiera cuáles eran dignos de ser escritos y leídos.

Aquella tarde, estaba haciendo eso mismo, cuando de pronto oyó que alguien se acercaba. El viento, muy fuer-

te en los últimos días, había formado dunas muy altas en la playa, y detrás de una de ellas vislumbró una sombra que avanzaba con sumo cuidado.

Naehu se asomó un poco para ver si la reconocía, pero no fue así, por lo que siguió observando desde su sitio. El desconocido no advirtió su presencia, pues iba mirando al suelo. Parecía que buscase algo en la orilla.

Luego alzó los ojos en dirección al mar y entró en el agua, caminando con la cabeza gacha. Cuando le cubrió hasta las rodillas, retrocedió. Se volvió, miró el horizonte y dio un puntapié en la arena, levantando una nube de polvo que volvió a caer. Estaba furioso. Miró a su alrededor para asegurarse de que nadie lo había visto. Entonces Naehu se agachó, esperó unos instantes y, al levantar de nuevo la cabeza, vio que la sombra se alejaba de la playa.

—¿Qué estaría buscando? —se preguntó en voz alta.

Luego decidió seguirlo. Iba en dirección al palacio y, al llegar allí, vio al desconocido entrar en el laberinto

de flores sin vacilar, como si conociera bien el lugar. Naehu se adentró también en los caminos y los recorrió de prisa, con seguridad. De pronto, tropezó con alguien.

—¡Cuidado!

—¡Profesor Zaba! ¡Vos también por aquí!

—¡Cuidado, chico, por poco me tiras! —dijo Kaliq, recuperando el equilibrio.

—Lo siento.

—No importa... Creo que me he vuelto a perder en este maldito laberinto.

Naehu tenía un carácter tranquilo y amable. Rara vez juzgaba o criticaba a las personas, pero tenía la sensación de que el profesor Zaba estaba mintiendo. No se atrevió a preguntarle qué hacía allí, ni si poco antes había estado en la playa. Guardo sus dudas para sí y se limitó a acompañarlo hasta la puerta de atrás de Flordeolvido. Después de todo, tal vez Purotu tuviese razón.

Al día siguiente, poco antes del atardecer, Naehu regresó a Bahía Blanca para escribir sus versos. En parte esperaba también volver a ver a la figura misteriosa. Y, en efecto, en cuanto el sol se empezó a poner, el desconocido apareció en la playa. Igual que el día anterior,

anduvo hasta la orilla y recorrió un largo tramo mirando el agua. Sostenía una lámpara de aceite apagada. Esta vez tampoco encontró lo que buscaba, ya que negó con la cabeza y se dirigió hacia las piraguas amarradas en el puente.

Por miedo a que lo descubriera, Naehu se ocultó entre las dunas, con lo que lo perdió de vista unos minutos. Después, cuando volvió a mirar, vio una barca que se alejaba de la orilla.

Naehu pensó que resultaba muy sospechoso. «¿Adónde irá?», se preguntó.

Sólo había una forma de averiguarlo. Esta vez actuaría él solo, sin la ayuda de su hermano. Corrió al embarcadero con la intención de seguir al desconocido y, cuando llegó al muelle, vio que faltaba la piragua de Kaliq. Soltó las amarras de otra barca y la empujó hasta el mar. «Es él», dijo el chico para sus adentros.

Era un atardecer sereno y sin viento, y el mar parecía una tabla lisa. La luna, redonda y luminosa, presidía el cielo violeta, a la espera de la noche estrellada. El corazón de Naehu latía muy de prisa.

—Tengo que seguirlo —dijo en voz alta.

25
Mar adentro

El hombre hundía el remo en el agua con movimientos regulares y enérgicos. Había explorado palmo a palmo la Isla de las Estrellas y todas las costas de la Isla del Sol.

Estaba seguro de hallarse muy cerca de la solución del enigma. Lo asesoraba su insecto nocturno con su zumbido, que cada día le contaba lo que había dicho la princesa. La estrofa de la canción. El escondite. La calle. ¿Encontraría finalmente lo que buscaba? ¿Dónde?

El fondo del mar de las islas era enorme, y las mil grutas de la Isla de la Luna numerosísimas; no iba a dar con la calle secreta por un simple golpe de suerte. Vio que lo seguía otra piragua. Absorto en sus pensamientos, no se

había dado cuenta hasta entonces. Dejó de remar para recobrar el aliento.

Luego, como un pescador experto, se dirigió a la Isla de la Luna y se arrimó a la costa sur de la Isla del Sol. Echó el ancla, dispuesto a lanzarse al agua. Había caído la noche, pero la visibilidad era perfecta con la luna llena. Lo único que le importaba era encontrar la maldita calle. Se tiró.

Naehu también dejó de remar y se detuvo por temor a que lo viera. Observó al desconocido tirarse al agua, y pensó que saldría a la superficie de un momento a otro. Sin embargo, el tiempo pasaba y no había ni rastro de él. El mar estaba sereno e inmóvil, no se veía ni una ola. Un viento muy tenue acariciaba la piragua y la mecía casi imperceptiblemente.

Cuando Naehu empezaba a abandonar la idea de averiguar quién era el desconocido, la cabeza del hombre asomó por la superficie como si fuera el caparazón de una tortuga curiosa. ¿Qué estaba haciendo?

Para ver mejor, Naehu se inclinó hacia adelante. Fue un error, porque perdió el equilibrio y cayó al agua con un chapoteo que alertó al desconocido. El chico no era un nadador hábil, y se agitaba intentando mantenerse a flote. El hombre llegó junto a él y lo arrastró

hasta su piragua. Cuando llegaron a bordo, Naehu se había desmayado.

~*~

Aquella misma noche, mucho más tarde, Naehu tosió.

—Pero ¿dónde estoy? —preguntó, despertando de repente.

—En un lugar seguro —dijo una voz cercana.

—¿Quién eres? —preguntó el chico.

La luz de una lámpara de aceite parpadeó en la oscuridad y Naehu vio muchas estalactitas y estalagmitas.

«Una gruta», pensó. La luz se le acercó deslumbrándolo, por lo cual tuvo que cerrar los ojos.

—Quién soy no importa —dijo la voz.

—¿Qué quieres?

Entonces advirtió que estaba atado de pies y manos.

—Quiero que escuches una historia, chico. Y que, si alguien te pregunta, se la cuentes con pelos y señales. ¿Crees que podrás hacerlo?

—No... no te comprendo.

—¿Crees que podrás hacerlo? ¡Responde! Si no, te mataré.

—Está bien —asintió Naehu, confuso y asustado.

La luz se alejó de sus ojos. Alguien se sentó delante de él. Sólo veía la silueta de un hombre.

—Escúchame bien. Es una historia breve...

Mientras el desconocido empezaba a hablar, los ojos del chico se fueron acostumbrando a la oscuridad, y empezaron a delinear el contorno de su rostro.

—La magia me permite adoptar las facciones que quiera —explicó el hombre—. Las que más me gusten... Y todo ello con un único objetivo: conseguir la estrofa de la Canción del Sueño.

En ese momento se puso delante de la luz y Naehu lo reconoció.

—Muy pronto la estrofa será mía. Y éste es el fin de la historia, mi pequeño amigo poeta.

—¿Qué me vas a hacer?

—Mantenerte escondido aquí, a salvo, hasta que termine y necesite que cuentes la historia...

A continuación, la sombra se le acercó lentamente. Un murmullo de palabras misteriosas resonó en el aire, y Naehu sintió que se ahogaba. Percibió que su cuerpo estaba adquiriendo la misma consistencia que la arena, y que sus músculos se endurecían poco a poco. Tras unos segundos, la vista y la mente se le nublaron, y volvió a perder el conocimiento.

Segunda parte

26 Alarma en Flordeolvido

Purotu llevaba varios días en cama, desde su accidente en el Acuario, y estaba perdiendo la paciencia. Acostumbrado a vivir al aire libre, en pleno mar, en aquella habitación se sentía como un león enjaulado.

Ya se encontraba bien, aunque su corazón aún no había perdonado la decisión de la princesa Kalea, y lo único que quería era hacer vida normal y salir de Flordeolvido.

Aquella noche tardó en dormirse. Cuando el palacio real estaba en silencio, advirtió algo muy raro: su hermano no había ido a dormir.

—¡Naehu! —lo llamó.

Salió de la habitación, y lo buscó inútilmente por todas partes. «Qué raro, con lo dormilón que llega a ser», pensó. La cama estaba intacta, y su gemelo había desaparecido.

Los pasillos de Flordeolvido estaban desiertos, silenciosos, iluminados sólo por la blanca luna, y a los ojos del asustado Purotu tenían un aire espectral. Naehu siempre se acostaba antes del anochecer. ¿Se habría quedado dormido en la playa?

—¿Naehu? Hermano, ¿estás aquí?

Nadie respondió. Purotu fue hasta el embarcadero de las piraguas, las contó y vio que faltaba una... no, dos. ¿Quién las habría cogido? ¿Adónde habrían ido?

Preocupado, recorrió toda la isla palmo a palmo. A la luz plateada de la luna, el laberinto de flores y el palacio eran sombras fantasmagóricas. El tiempo pasaba, y el cielo empezaba a teñirse de rosa. Se acercaba el amanecer. Purotu estaba cada vez más nervioso. Pensó en mil hipótesis, pero ninguna lo tranquilizaba. Su hermano no era un hábil navegante, y tampoco nadaba bien. Decidió volver corriendo a Flordeolvido y dio la alarma.

—¡Kalea! ¡Kalea! ¡Necesito ayuda!

En pocos minutos, los despertó a todos: a la princesa, Emiri, Kaliq Zaba, el pescador Anoi y Tiaré. En breves palabras, les contó lo ocurrido.

—¿Cómo puede haber desaparecido? —preguntó Kalea, aún adormilada.

—¡No lo encuentro en ninguna parte!

—¿Has ido a la playa?

—Sí, y he visto que falta una piragua... tal vez dos.

—Puede que haya ido a la Isla del Sol...

—¿Para qué?

—¿Y sin avisar a nadie? —intervino Emiri.

—Quizá tenga un secreto que no quiere confiarle a nadie —sugirió Zaba.

—Eso no sería propio de él. —Purotu le dirigió una mirada desafiante—. Mi hermano y yo nos lo contamos todo.

—Tenemos que ir a buscarlo en seguida.

—¿Cómo puedo ayudar? —preguntó con énfasis el pescador.

—Voy a despertar a *Jay Jay* —decidió Emiri, absolutamente resuelto—. ¡Hay que dar aviso urgente en todas las otras islas!

—¡Espera! —lo detuvo Kalea—. Quizá no sea necesario alarmar a todo el mundo...

—Tenemos que organizar bien la búsqueda —dijo Kaliq, y se dirigió a su habitación—. Voy a vestirme.

Purotu lo miró con odio, como si estuviera convencido de que la desaparición de su hermano era cosa de él.

27

El capitán Buhl

En Flordeolvido reinaba el caos. Siguiendo las instrucciones de Kalea y Anoi, un gran número de pescadores empezaron a buscar a Naehu. *Jay Jay* y los loros de Emiri rastreaban la Isla de las Estrellas desde las alturas. *García* y sus orcas patrullaban por el mar.

Pasó la mañana y seguían sin pistas: ni rastro del muchacho.

De pronto, en plena búsqueda, comenzó a sonar la sirena del faro. Todos se detuvieron, paralizados por el lúgubre e inesperado sonido. La sirena advertía que se acercaba alguien. Al cabo de unos minutos, en lo alto del faro vieron ondear una bandera negra. La peor de las banderas posibles. ¡Piratas!

El capitán Buhl

Kalea y Tiaré miraban cómo regresaban a Flordeolvido las barcas de los pescadores. *García* parecía darles la bienvenida.

—Se ha levantado viento, princesa —susurró la jardinera.

Kalea no daba crédito: primero, Naehu desaparecía, y ahora, ¡los piratas! Sintió que la abandonaban las fuerzas. En la explanada situada frente al embarcadero que ella había convertido en Sala del Trono, un pescador se quitó la gorra, se arrodilló y dijo, muy nervioso:

—¡Un barco grande, princesa! Me temo que es el capitán Buhl. Además, alguien ha visto en el mar...

—¡Habla sin miedo!

— ... unas extrañas criaturas.

Ella hizo un gesto vago con la mano, como diciendo: ya estamos con lo de siempre. No había pescador que no hubiera visto en el océano a las criaturas más absurdas y espantosas. Lo que realmente la preocupaba era el barco pirata.

—¿Conocéis ese barco? —preguntó Kaliq Zaba, que estaba de pie a su lado, como si fuera su consejero más fiel.

—Sí —asintió la princesa—, es el *Escama* del capitán Buhl, navega por estas aguas desde hace años.

—¿Capitán Buhl? ¿Podría ser el mismo pirata que me atacó a mí?

—Es posible —respondió la joven—, aunque Buhl no suele luchar en mar abierto.

—¿La llegada de los piratas podría tener relación con la desaparición de Naehu?

—No quiero ni pensarlo —dijo Kalea.

En pocos minutos, el embarcadero se llenó de piraguas de pescadores que se acercaban para pedir o dar instrucciones.

—Tenemos que enviar una delegación a hablar con ellos, princesa.

—Encerrémonos en nuestras casas y esperemos a que se vayan.

—¡Podemos atacarlos! Somos más que ellos. ¡Ese pirata no puede desembarcar en nuestras islas!

—No tenemos nada que temer —aseguró ella, mostrándose tranquilizadora, como siempre.

—¿Y el chico desaparecido? —insistió otro pescador—. ¡Seguro que lo han secuestrado ellos!

La princesa escuchó las opiniones de todos y luego dijo:

—¡Un momento de atención! El capitán Buhl es un pirata peligroso. No sabemos si ha secuestrado a Naehu, y tenemos que averiguarlo. Convocaré a *García* y sus orcas y nombraré una delegación para que navegue hasta el barco.

—¡Bien dicho!

—¡Yo iré! —exclamó el pescador Anoi, ofreciéndose voluntario.

—¡Yo también! —dijo Emiri, con un gran cuchillo de cocina en la mano.

—Sé hablar muchas lenguas —declaró el curandero—, podría ser útil en la delegación.

—Vos estaréis al mando del grupo —le contestó Kalea al anciano.

—Yo también quiero ir —intervino Purotu—. Si mi hermano está en ese barco, lo sacaré de allí.

La joven se lo permitió. Todo ocurría con tanta rapidez que no tenía tiempo de asimilarlo.

—¿Y vos? —le preguntó Purotu a Kaliq Zaba.

—Si se van todos... alguien debe quedarse en palacio para proteger a la princesa —respondió él.

El chico asintió con desconfianza.

Ya estaba todo organizado. Kalea bajó al agua y llamó a las orcas reales. Acarició la negra cabeza de *García* y le dio órdenes.

Mientras, las piraguas se alejaron mar adentro.

—Por favor, ten cuidado —le dijo la princesa a Purotu, antes de que éste zarpara—. No te arriesgues inútilmente.

—Tú también debes tener cuidado, hermanita. Te dejo aquí sola con Zaba.

—Sobreviviré.

—No es un hombre sincero. Créeme, no lo es.

Y tras estas palabras, empujó su piragua al mar.

28

Un punto de libro

Purotu se dirigía mar adentro a toda velocidad.

Remaba furiosamente para seguir el ritmo de las piraguas de rescate.

Eran doce hombres en seis piraguas; la de Purotu, que iba solo; más la barcas del curandero y de Emiri, ambas con dos remeros cada una. Completaban el grupo la piragua de Anoi y otras dos embarcaciones pequeñas, con dos hombres cada una.

De repente, la piragua del ganador del Pez de Oro se acercó a la de Purotu.

—¿Quieres subir a bordo conmigo, chico?

—¡No! ¡Vete! Yo os sigo.

Un punto de libro

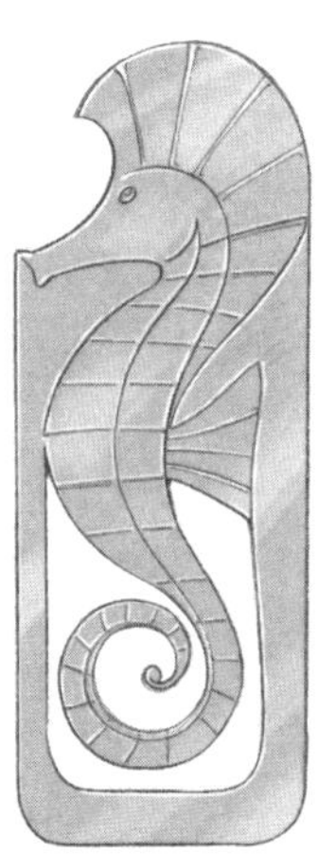

Pero el pescador no se alejó, y siguió hablando:

—Quiero decirte una cosa. Tal vez no tenga importancia, pero...

—¿Qué cosa?

—Espera... y mira. ¿Esto puede ser de tu hermano? —preguntó, mientras sostenía algo en la mano.

Desde aquella distancia, Purotu no veía bien.

—¿Qué es?

—¡No lo sé!

Anoi le tiró un pequeño objeto. Era un punto de libro. Un caballito de mar grabado por uno de los lados. ¡Pertenecía a Naehu! Era el punto de libro que le había regalado Purotu.

—¿Dónde lo has encontrado? —preguntó.

—En el agua, ahora mismo —respondió el hombre—. La corriente lo arrastraba hacia alta mar.

El chico miró las otras piraguas, que avanzaban hacia mar abierto.

—¿Estás seguro?

—Soy pescador. Sé reconocer las corrientes...

Purotu lo miró con desconfianza.

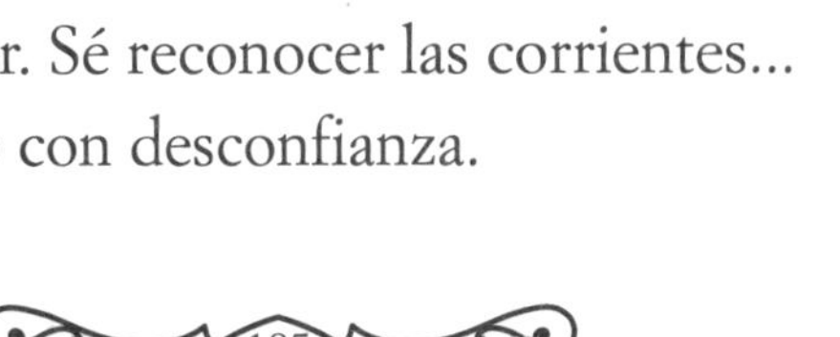

—Si la corriente lo empujaba hacia mar abierto —prosiguió Anoi—, eso significa que Naehu lo debió de perder en algún punto de la costa. Puede que no esté en el barco pirata, sino en otra parte...

—Pero ¿dónde?

Ambos miraron el negro acantilado de la Isla de la Luna.

—¿Allí? ¿Tú crees? —dijo el chico, indeciso.

—Sigamos la corriente y...

—¿Y la delegación? —lo interrumpió Purotu—. ¿Y los piratas?

Anoi miró las demás piraguas, que cada vez se adentraban más en el azul del Mar de las Travesías.

—Creo que pueden seguir sin nosotros. No somos más que un viejo pescador sin dientes y un chiquillo. Hacen falta hombres adultos y fuertes para enfrentarse a los piratas.

—¡Tit! ¡Tit! —llamó en ese momento *García*, y asomó a la superficie, muy cerca de ellos.

—¡Parece que nos haya entendido! Dile a la orca que damos marcha atrás.

Pero Purotu estaba indeciso. Miró de nuevo el acantilado de la Isla de la Luna.

—Quizá Naehu se ha refugiado en una gruta —dijo—. Y, desde ahí abajo, nadie pueda oírlo...

—Es posible, chico. Todo es posible.

—Pero esta mañana ya lo hemos buscado...

—Ya, pero hay miles de grutas en el acantilado. Si tu hermano está en una de ellas, puede que lo encontremos. Debemos seguir la corriente que nos ha traído su punto de libro.

—El problema es que...

—Al menos, podemos intentarlo —insistió el pescador.

Purotu guardó silencio. Asió con fuerza el punto de libro y finalmente dijo:

—Está bien. Vamos a buscarlo.

—¡Tit! —exclamó *García*.

—Sí, *García*, nosotros nos volvemos. Ve a decirles a los demás que vamos hacia el acantilado.

La orca real hizo una última pirueta, se sumergió y nadó por las profundidades. Purotu miró por última vez las otras piraguas, que se dirigían hacia alta mar, a la inmensidad azul donde habían avistado el barco pirata.

—De acuerdo —dijo, cogiendo el remo—. Vamos allá.

Echaron los remos en el agua oscura y azul e invirtieron el sentido de la marcha. Tenían los pulmones llenos de aire y el corazón henchido de esperanza.

29

La duda

La princesa Kalea estaba en la Sala del Trono, y la recorría arriba y abajo muy nerviosa, a la espera de noticias.

Se sobresaltó al ver a Kaliq junto a una de las puertas, bajo los soportales.

—Perdonad, profesor Zaba, no os había visto.

—Llamadme Kaliq, princesa. Será mejor que nos tuteemos. Así nos sentiremos más cerca el uno del otro y no estaremos tan tensos. Me pregunto si he hecho bien en quedarme aquí. Tal vez habría sido más útil si me hubiera ido con los demás.

Ella sentía deseos de tener más intimidad con él, pero a la vez le daba miedo confiarse demasiado.

—Yo también tengo mis dudas, Kaliq. Además, soy la princesa, debería haberme hecho a la mar con todos los demás.

—¿Qué sentido tendría un palacio protegido por un laberinto de flores si no hubiera nada que proteger dentro de él?

—¿Es una manera amable de decirme que he hecho bien quedándome aquí?

—Exacto.

—¿Y tú?

—¿Yo... qué? —Kaliq Zaba se acercó. Intentó abrazarla, pero ella se apartó—. ¿Qué te ocurre?

—¿Tú qué vas a hacer? —le preguntó, mirándolo con desconfianza.

—¿Con respecto a qué?

—A la propuesta del curandero.

—Ya te dije que no me iría...

—Pero aún no se lo has dicho a él.

—¿Y qué problema hay? —exclamó Zaliq, sorprendido.

—Ninguno. Sólo que me pregunto si es eso realmente lo que quieres hacer.

—Ya me ves, aquí estoy —sonrió el joven—. Me he quedado contigo.

—Te veo, pero no te siento.

Kaliq Zaba se acercó de nuevo, y esta vez Kalea dejó que la abrazase.

—¿Qué quieres decir, princesa?

—Quiero decir que me siento sola, que estoy confusa. La desaparición de Naehu... los piratas... y el viento del este soplando sin parar...

—¿Qué tiene que ver el viento?

—¿Es cierto lo que me contaste, Kaliq? —preguntó ella, soltándose—. ¿O es sólo una invención, como cree mi hermano? Yo... yo no sé nada de ti...

—Pero sabes que estoy aquí contigo.

—Llegaste de improviso tras un naufragio del que eres el único superviviente...

—¡Fueron los piratas! ¡Los han avistado! —replicó él—. ¿Qué más necesitas para creerme?

—Y, poco después, alguien intenta hacerle daño a mi hermano Purotu... Luego, Naehu desaparece y tú te pierdes en el laberinto... Y, mientras, yo... yo te cuento mis secretos... fiándome de ti.

—¿De verdad te arrepientes? —preguntó, sonriendo levemente.

—¡No lo sé! ¡No lo sé, Kaliq!

Se hizo un largo silencio.

—Si no soy Kaliq Zaba... ¿quién crees que soy?

—¡No lo sé! —exclamó Kalea, negando con la cabeza.

—¿Qué crees que quiero de ti? —insistió él—. ¿Tu reino? ¿Tu estrofa secreta? Es importante, ¿verdad? Crees que voy a ir a buscar la estrofa secreta... que se encuentra al final de una calle secreta. Pero ¿dónde está esa calle? ¿En la Isla del Sol? ¿En la Isla de la Luna? ¿Es que vas a decírmelo?

—Por favor... cállate...

Kaliq Zaba le sostuvo la mirada antes de decir:

—Kalea... ¡tienes tantas dudas que ni siquiera confías en mí!

Los ojos de la princesa se llenaron de lágrimas, y no pudo reprimir el llanto. Kaliq se acercó a ella y la abrazó. Kalea se sintió reconfortada, y dijo algo sollozando.

—¿Qué? —le preguntó él.

—La calle... la calle secreta... —sollozó la joven—, está en la costa sur de la Isla del Sol. En la Isla del Sol...

Kaliq asintió sin dejar de abrazarla. Ella se abandonó en sus fuertes brazos y, momentos después, cuando quiso apartarse, tuvo la impresión de que él no iba a dejarla.

—Suéltame, por favor —le pidió algo asustada—. No puedo respirar.

—Conozco esa sensación, Kalea —dijo Kaliq, y entornó los párpados—. Es lo que yo sentía cuando me estaba ahogando...

Ella lo miró, y creyó ver una luz siniestra en sus ojos que la aterrorizó. El corazón empezó a latirle muy rápido. Había visto aquella mirada en alguna parte. Pero ¿dónde? ¿Cuándo?

De repente, empezó a recordar... El libro de las genealogías. El Viejo Rey y el niño, su hijo. Si éste había sobrevivido, debía de tener más o menos la edad de Kaliq. En la mente de Kalea aparecieron los rostros de Tiaré y Purotu, y pudo oír de nuevo las palabras de su amiga: «No te fíes de él. Kaliq no huele a nada».

Una terrible sospecha la invadió, y de pronto sintió mucho frío. Recordó que el viento del este también había soplado durante la guerra entre los dos reyes.

¿Quién era aquel joven a quien le había confiado su secreto?

—Déjame, Kaliq. ¡Te he dicho que me sueltes!

—¿Y si no lo hago?

Ella le dio un fuerte golpe en la pierna herida. Kaliq Zaba chilló y la soltó inmediatamente. La joven dio media vuelta y salió corriendo.

—¡Kalea! ¡Vuelve! ¿Adónde vas?

30
El pirata

El capitán Buhl apareció repentinamente en el puente de mando.

Era un hombre de mediana estatura y complexión musculosa. Tenía los hombros anchos y robustos y unas manos enormes y fuertes, capaces, según decían, de matar una boa en pocos segundos.

Pero lo que más asustaba de él era la máscara oscura que siempre ocultaba su rostro. Decían que había resultado herido en un combate, y que, desde entonces, sólo le veían la cara sus enemigos, antes de que los matara. Cuando el capitán pronunciaba la frase: «Lo último que vas a ver es mi cara», cualquier desgraciado sabía que tenía los minutos contados.

El pirata

El feroz pirata miró a su alrededor, asombrado y satisfecho. Sus hombres estaban en sus puestos, aun cuando no había indicios claros de ataque.

Las piraguas que se acercaban al barco habían izado bandera blanca, y los hombres que iban en ellas se asomaban por la borda, como si quisieran pedir audiencia a los piratas.

Bulh había atracado otras veces en aquel reino, pero nunca lo habían recibido de ese modo. Recordaba a los habitantes del lugar como gente pacífica, y no conocía a las personas que tenían intención de entrevistarse con él.

Los contó. Diez hombres. Y diez orcas nadando en el agua.

Algo debía de haber ocurrido, y el capitán Buhl pensaba averiguar qué era. Ordenó a sus hombres que dejaran subir a bordo a los recién llegados. Lanzaron una escalera de cuerda y, poco después, el pirata estaba frente a un enorme cocinero, peinado con una cola de caballo, y un viejo curandero de rostro apergaminado.

—¿Se puede saber qué pasa? —gritó Buhl—. ¡Por poco os disparamos!

—Hemos venido a hablar... —dijo el anciano curandero.

—¡Pues hacedlo de una vez!

—¿Has secuestrado tú al chico?

—A nuestro poeta —añadió Emiri.

El capitán abrió unos ojos como platos tras la máscara.

—¿De qué poeta habláis?

Miró las inquietas orcas que rodeaban el barco. Sus hombres las contemplaban, fascinados y también preocupados.

—¿Podéis decirles a esos bichos que se alejen?

—No os harán nada, si no nos hacéis nada a nosotros —respondió el anciano.

—El chico, Buhl —insistió el cocinero—. La princesa Kalea quiere saber si lo has secuestrado tú o no.

—¡Pues, claro que no! —exclamó el capitán pirata—. ¿¡¿No me digas que habéis venido hasta aquí sólo para preguntarme semejante tontería?!?

El segundo de a bordo rió, y Buhl lo fulminó con la mirada.

—A ver, ¿de qué chico estáis hablando? ¡Oh, esperad! ¿No iría en ese barco con el que nos cruzamos hace siete días... el *Ola azul*?

—¿El *Ola azul*, con bandera del Reino del Desierto? —preguntó el curandero.

—Exacto. —El pirata soltó una carcajada aterradora—. Si es así, siento decepcionaros... Decidle a vuestra hermosa princesa que de ese barco no sobrevivió nadie, y que el casco estaba tan destrozado que se fue a pique antes de que pudiéramos abordarlo.

—Creo que, tras esta información, nuestra misión ha terminado —se lamentó Emiri, mirando al anciano.

—¿Ah sí? —gruñó Buhl—. ¿Y creéis que os dejaría subir a mi barco sin condiciones?

—Yo creo que sí. Llevamos la bandera blanca.

—Pero yo soy un pirata —rió el capitán, y desenvainó su espada—. ¡Un pirata muy feroz!

Emiri se interpuso entre él y el curandero.

—¡Poneos detrás de mí! —le dijo al viejo.

En ese momento, el pirata vigía empezó a gritar:

—¡Flota a babor! ¡Flota a babor!

Los hombres, que estaban observando a las orcas, se dirigieron al otro lado del barco.

En el mar, los pescadores intercambiaron una mirada de preocupación.

—¡Por cien mil cocos! —gritó el capitán, furibundo—. ¿Qué has visto?

—¡Focas a la vista! —chilló el vigía—. ¡Focas a la vista!

El pirata

—¿Qué significa focas a la vista? —preguntó Buhl—. ¡En este mar no hay focas!

—Os lo juro, capitán. Parecen... bueno... ¡son focas! Y van con dos hombres.

—¿Focas con dos hombres? ¡Por todos los tiburones asesinos! —exclamó el pirata.

Y se dirigió a babor para verlo con sus propios ojos. Por las estrechas aberturas de su máscara, distinguió una mancha oscura que avanzaba hacia ellos.

Quizá el vigía tuviera razón...

—¡Todos a los cañones! —ordenó.

Sus hombres obedecieron, aunque sin convicción. ¿Cómo iban a hacer fuego contra una flotilla de focas?

—¿Vosotros tenéis algo que ver con esto? —les preguntó Buhl al curandero y a Emiri.

Los dos isleños guardaron silencio.

Los piratas dispararon dos cañonazos, que dieron en el agua.

Luego, las focas llegaron a la vista de todos.

Sobre la primera iba un joven de piel clara, que vestía una capa muy recia. Detrás iba un segundo hombre, de nariz aguileña y con gafas.

—¡Hombres montados en focas! —masculló el capitán Buhl, observándolos desde la toldilla del barco—. ¡Lo nunca visto!

El pirata era incapaz de reaccionar, paralizado ante el absurdo espectáculo.

Miró el timón sobre el castillo de popa y pensó que lo mejor sería irse de allí.

—¡Contramaestre! ¡Segundo! —gritó—. ¡A los puestos de maniobra! ¡Listos para virar!

El grupo de focas redujo la velocidad a menos de quince metros del barco. El joven de la capa, dispuesto a negociar, gritó:

—¡Saludos!

Desde lo alto del barco, Buhl hizo un gesto a modo de respuesta.

—Soy el príncipe del Reino de los Hielos Eternos —prosiguió el joven—, y él es Haldorr de Arcándida. Hace días que salimos de viaje para visitar a la princesa Kalea, en el Reino de los Corales.

—Muy bien, querido príncipe —contestó el pirata—. Pues el Reino de los Corales es ese grupo de islas que se ve delante de mi barco. Y seguro que la princesa Kalea os recibirá muy contenta. Yo soy el capitán Buhl... un pirata feroz. En cualquier otro momento de mi vida, les habría ordenado a mis hombres que os destrozaran, y que se deshicieran de estos dos hombres que están ahora en mi barco. Y que, según dicen, andan buscando a un poeta desaparecido.

El relato sonaba increíble, y suscitó la hilaridad de los otros piratas, que casi no podían contener la risa.

—La verdad es que este asunto empieza a interesarme —prosiguió Buhl—. Uno de vosotros es un curandero, ¿no? ¿Y el otro?

—Yo soy el cocinero de la corte —respondió Emiri.

—Y vos me habéis dicho que venís del Reino de los Hielos Eternos y sois nada menos que...

—¡El príncipe de ese reino! —respondió el joven.

—Eso es —rió el capitán Buhl. Le guiñó un ojo al contramaestre y añadió—: El asunto se complica. —Luego gritó—: Vamos a hacer una cosa: ¡cien piezas de oro y sois todos libres de ir a donde queráis!

—Yo tengo otra propuesta —replicó Emiri, tras sopesar rápidamente la situación.

—¿Cuál?

—Como no has secuestrado a la persona que buscamos, no tenemos nada contra ti. Veo que sólo os quedan galletas duras, llenas de moho, y que la sopa huele a rancio. No veo pescado, y si ése es vuestro mejor barril de agua, te informo de que lleva más de diez días podrida. Deja que nos marchemos, y os llenaremos la bodega de cocos, frutas, gambas en salsa de piña y peces globo rellenos.

—¿Peces globo rellenos?

—Son mi especialidad —aseguró Emiri, con orgullo.

31
La gruta

Anoi y Purotu dejaron las piraguas a pocas brazas de distancia del acantilado, y se lanzaron al agua.

Nadaron rápidamente, uno tras otro, bajo el agua oscura, junto al faro de la Isla de la Luna. El pescador parecía decidido mientras avanzaba en paralelo al acantilado. De vez en cuando, observaba las señales que había en la pared de la roca para comprobar la dirección. En cambio, Purotu se dejaba guiar, esperando no haber cometido un error al fiarse de la experiencia de su compañero. Aunque no podía hacer otra cosa. Habría sido una locura buscar él solo a Naehu en las grutas.

De pronto, Anoi se detuvo y señaló una abertura en la piedra. Se veía un trozo de tela pegado en ella. El pescador lo cogió, y se lo enseñó a Purotu, que abrió mucho los ojos. ¡Era de la camisa de Naehu! Asintió con la cabeza para indicar que iban por buen camino y ambos se metieron entre las rocas y desaparecieron en la oscuridad. La abertura daba a un pasadizo más amplio. Nadaron entre numerosas algas y unos pocos peces solitarios que los observaban con temor.

Después de permanecer tanto rato bajo el agua, ambos se estaban quedando sin oxígeno. Por muy entrenados que estuvieran, empezaron a notar un gran cansancio. Anoi señaló un punto lateral de la gruta que subía hacia arriba, a la derecha. Lo iluminaba una luz tenue, que procedía de la parte más alta.

Se encaminaron hacia allá. En pocos segundos, llegaron a la superficie de un pequeño pozo submarino. Tomaron aire y miraron a su alrededor. El interior estaba envuelto en penumbra, pues sólo entraban rayos de luz a través de las grietas de las rocas. Las estalactitas y esta-

lagmitas creaban enigmáticas columnas y figuras de piedra. Reinaba un profundo silencio, roto de vez en cuando por alguna gota que proseguía su labor milenaria de construcción. El aire estaba cargado de humedad, pero era respirable.

En la semioscuridad, los ojos de Purotu buscaban desesperadamente alguna pista sobre el paradero de su hermano.

—¡Naehu! ¡Naehu! —lo llamaron.

Sólo les respondía el eco.

—Aquí no está.

—Creo que no. Pero vamos a buscar bien.

Salieron del agua y caminaron entre las esculturas naturales. No tuvieron que buscar mucho. De repente, Purotu se detuvo, como petrificado.

—¡Está aquí! —gritó—. ¡Lo he encontrado!

Corrieron en la oscuridad, con paso inseguro. El chico había reconocido el rostro de su hermano en las sombras. La nariz afilada, el pelo liso, la cabeza inclinada sobre el pecho huesudo, caída como la de una marioneta abandonada.

Naehu estaba sentado, con la ropa hecha jirones y las manos atadas con un trozo de tela. No se movía. Purotu le acercó el oído al corazón y no lo oyó latir.

—¿Cómo está? —preguntó Anoi.

—Creo que... ¡oh, no! ¡Creo que está muerto! Tiene la cara blanca como el nácar.

Cuando el pescador se acercó, Purotu tiró de él para alejarlo.

—¡Aparta! —dijo, sollozando—. Es mi hermano, ¡yo me ocuparé!

Cogió el cuchillo que llevaba metido en el cinturón y cortó la tira que le ataba las manos. Las muñecas se le habían quedado muy duras, tan blancas que casi pare-

cían transparentes. Purotu se las masajeó y se las llevó a los labios. Abundantes lágrimas surcaban su rostro. La persona que más quería estaba allí, inmóvil entre sus brazos.

—¿Quién le habrá hecho esto?

Levantó a su hermano, inerte, y se dirigió al agua. Anoi lo siguió a distancia.

Con los trapos que ataban las muñecas de Naehu, Purotu sujetó su cuerpo al suyo y luego se tiró al agua y empezó a nadar. Cruzó en sentido contrario la abertura de la roca, cuidando de no herir a su hermano, pálido como una estatua.

Al fin, salió a la superficie y, con la ayuda del hombre, cargó a bordo el cuerpo de Naehu. Entre tanto, mil preguntas se agolpaban en su mente. Remó hacia Flordeolvido envuelto en una nube oscura, sin advertir que Anoi ya no estaba, ni que un escarabajo azul cobalto se había posado en su piragua.

32
Un secreto compartido

A todos los habitantes del reino les encantaba el laberinto de flores que rodeaba Flordeolvido. Solían ir a contemplarlo, se lo enseñaban a sus hijos y les contaban infinitas leyendas. Según decían, el Rey Sabio lo había mandado construir para que los malhechores no pudieran entrar en el palacio, aunque también decían que quienes conocían los secretos del laberinto podían utilizarlo para refugiarse.

—¡Kalea! —gritó Kaliq Zaba, antes de adentrarse en los caminos rodeados de flores—. ¡Kalea! ¡No huyas!

Kaliq se sentía confuso. Furioso, incrédulo y ofendido. No comprendía qué había ocurrido. Empezó a va-

gar sin rumbo por los setos de flores, hasta topar con una figura blanca e inmóvil, como una aparición.

—Tiaré, decidme, ¿adónde ha ido la princesa Kalea, por favor?

—No lo sé, profesor Zaba —respondió la jardinera—. Y, si lo supiera, tampoco os lo diría.

—Pues entonces, ¡quitaos de en medio! —rugió él.

—Si seguís adelante, volveréis a perderos —replicó la mujer, muy tranquila—. Y de nada os servirá vuestro sistema de orientación secreto.

—¿Y vos cómo sabéis de eso?

—Yo sé muy poco, pero el laberinto sí lo sabe. Él os conoce, y hará que os perdáis. Ninguna estrategia os servirá. No os obstinéis.

Kaliq sacudió la cabeza para ahuyentar un mal presentimiento.

—¡El laberinto no está vivo! ¡No son más que flores!

—¿Estáis seguro?

—¿Adónde ha ido Kalea? ¡Decídmelo!

—He venido a ayudaros, Kaliq Zaba —prosiguió Tiaré—. Venid conmigo, y os sacaré de aquí.

El joven dudó.

—Nunca encontraré a la princesa, ¿no es cierto?

Tiaré no respondió, y él empezó a gritar:

—¡Kalea! ¡Kalea, contéstame! ¡Te encontraré, Kalea! Tengo todo el tiempo del mundo. Aquí sólo estamos nosotros, nosotros dos y Tiaré. ¡Kalea, sal! ¡Háblame!

Ésta contenía la respiración en el centro del laberinto. No respondía, no hablaba, e intentaba no hacer ruido. Temía que incluso su respiración pudiera delatarla, y que los setos de flores no consiguieran ocultarla.

La voz de Kaliq siguió resonando un buen rato, igual que sus pasos. Luego, de repente, Kalea ya no oyó nada, ni pasos ni voz. Sólo el murmullo de las olas y el viento. Esperó, rodeada por esos sonidos tan familiares. Se dijo que el joven no le importaba nada. ¡Que se convirtiese en el nuevo curandero! ¡O que regresara a su reino! No quería verlo nunca más.

Se había equivocado al confiar en él, al hablarle de la estrofa de la Canción del Sueño y del lugar donde la guardaba. Durante la espera, pensó en lo ingenua que había sido. ¡Qué tonta! Se había enamorado de un desconocido, y le había hablado de un objeto muy valioso que ahora estaba en peligro.

Luego pensó en sus hermanas, e invocó a sus padres en silencio para que las protegieran a las cinco. Pensó en sus hermanos, en las sospechas de Purotu, a quien no había creído, y en la desaparición de Naehu.

Aguzó el oído y percibió unos pasos ligeros que crujían como la arena impulsada por el viento.

—Tiaré —susurró, al ver a la jardinera al final de uno de los caminos.

—Se ha ido, princesa —dijo ésta.

—¿Por qué parte del laberinto?

—Ha cogido una piragua.

—Bien... —susurró la princesa—. O mal... no lo sé.

Todo lo ocurrido en las últimas horas la había dejado sin fuerzas. Debía ir a la calle sumergida, a cambiar de escondite el cofre con su estrofa, pero primero, lo más importante era encontrar a Naehu y lograr que el Reino de los Corales recobrara la serenidad. Tenía que esperar a la delegación que había ido a hablar con los piratas.

33 El príncipe de los Hielos

El príncipe del Reino de los Hielos Eternos había hecho un viaje muy largo para llegar al Reino de los Corales, y estaba agotado. Había pasado días y días en el mar, montado en focas mensajeras y durmiendo en balsas improvisadas. Y todo con el fin de llegar a tiempo y avisar a la princesa Kalea del peligro que corrían ella y su estrofa. Jamás había imaginado que se toparía con piratas, ni que tendría que participar en un improvisado banquete para lograr que se marcharan.

Antes de zarpar de nuevo, el pirata Buhl se despidió así:

—Lo siento por vuestro poeta, pero no he capturado a nadie. ¡Yo soy pirata! ¡Saqueo! ¡Destruyo! Y ahora dejadme en paz.

Poco después, las orcas, los pescadores, el príncipe de los Hielos, Haldorr y sus focas llegaron al embarcadero de Flordeolvido. Allí había unas cuantas personas: mujeres, niños y ancianos lobos de mar.

El príncipe de los Hielos miró a su alrededor. Aquel lugar, tan exótico y lejano, lo fascinaba y le daba miedo. Haldorr en cambio estaba emocionado al volver a contemplar un paisaje que creía no iba a ver nunca más.

—Siempre me ha encantado el aire cálido y el olor a flores de esta isla —suspiró melancólico.

—Creo que podría acostumbrarme en seguida a esto —dijo el príncipe, que siempre había vivido entre el hielo.

—¿Os acompaño a visitar a la princesa, señores? —preguntó el cocinero Emiri al bajar de su piragua.

Anduvieron descalzos por la finísima arena, disfrutando de la insólita sensación aterciopelada. Entre la densa vegetación, pronto distinguieron el tejado de paja trenzada del palacio. Era una construcción baja, nada imponente comparada con los pináculos cristalinos de Arcándida, el palacio del Reino de los Hielos Eternos. Pero también era fascinante y mágica, envuelta en perfumes y colores de ensueño. Emiri los guió por la aveni-

da de las palmeras, hasta la puerta de madera, donde una chica pelirroja estaba sentada en el umbral, con la cabeza entre las rodillas. Lloraba.

—Princesa —dijo el cocinero al verla—, ¿qué ha ocurrido?

El príncipe de los Hielos y Haldorr se miraron sorprendidos. ¿Aquella joven era la princesa? Emiri asintió. Kalea alzó los ojos llenos de lágrimas, y dejó que el hombre la abrazase.

—Naehu ha muerto —dijo, intentando contener las lágrimas.

—Princesa Kalea... —empezó a decir Haldorr.

Ella reconoció al instante aquella voz que no oía desde la infancia. Lo miró sorprendida y parpadeó varias veces, como si no pudiera creer lo que veía. Sólo cuando constató que realmente se trataba del antiguo bibliotecario del reino halló fuerzas para hablar.

—¡Oh, Haldorr! ¿Sois vos, de verdad? ¡Cuánto me alegra veros! —exclamó, y se acercó a abrazarlo—. Pero ¿qué hacéis aquí? ¿De dónde venís? ¿Y por qué?

—Acabamos de llegar, princesa Kalea —sonrió el bibliotecario—. ¡Cuánto habéis crecido! ¡Os habéis convertido en una princesa espléndida! Pero ¿por qué estáis llorando?

—Es un día terrible para nosotros, Haldorr —explicó ella—. Hemos perdido a un chico... a mi hermano Naehu. Lo ha encontrado Purotu, su gemelo.

—¿Es el poeta a quien buscabais en el barco del capitán Buhl?

—Sí.

—¿Qué le ha pasado?

—No lo sabemos. Es como si se hubiera transformado en una estatua.

—Quiero presentaros a alguien, princesa —dijo Haldorr, haciéndose a un lado.

Detrás del bibliotecario, el príncipe de los Hielos Eternos avanzó hacia la princesa. Kalea miró a aquel hombre alto y rubio, de piel muy clara, y se quedó callada.

Lo que más la impresionó fueron sus ojos, de un azul brillante e intenso, con una luz vital y profunda.

—¿Y vos sois...?

—El príncipe de Arcándida, el marido de vuestra hermana Nives.

—¿Príncipe? ¿Marido? —La mirada de la joven iba de uno a otro, como buscando ayuda—. ¿Por qué nadie me dijo que mi hermana se casaba?

—Han ocurrido muchas cosas en el Reino de los Hielos Eternos, y no todas alegres.

—¿Mi hermana está bien?

—Está bien... ahora. Pero... nos atacó un enemigo cruel y terrible.

—Por eso hemos venido hasta aquí lo antes posible —añadió Haldorr.

Kalea bajó la mirada. Se sentía débil, y muy cansada.

—¿Un enemigo cruel y terrible, decís? A nosotros también nos han atacado —murmuró—. Y además lo han hecho de forma cruel. Nuestro enemigo se ha ensañado con mis hermanos.

Sin mencionar nada más, los escoltó hasta la Sala del Trono.

Allí, tendido en el suelo, estaba el pálido cuerpo de Naehu.

—Después de traerlo hasta aquí —explicó la princesa—, Purotu ha caído en un sueño profundo y desesperado.

El príncipe de los Hielos rozó la piel del Naehu.

—Está frío, como si lo hubieran... petrificado.

—Algo así no puede suceder de forma natural —declaró Haldorr—. ¿Será magia?

—Sí, es lo único que se me ocurre.

—¿Y quién puede haber sido? —le preguntó el bibliotecario a Kalea.

—No lo sabemos —respondió ella.

—Tal vez nosotros lo sepamos —susurró el príncipe de los Hielos.

La joven negó con la cabeza en señal de rechazo.

—Es una desgracia que aún no puedo asimilar. Y tengo la sensación de que vos sabéis mucho más que yo del asunto.

34

El cofre de coral

El curandero se inclinó sobre el cuerpo de Naehu y lo examinó un buen rato. Detrás de él, en semicírculo, estaban la princesa Kalea, Emiri, Purotu, Tiaré y los dos hombres del Reino de los Hielos Eternos.

—El chico está vivo —dijo al fin el anciano—, pero, al mismo tiempo, no lo está. —Se enderezó despacio, mientras le crujía la espalda, y añadió—: Su corazón late, pero muy débilmente.

—¿Y por qué no se mueve? —inquirió Purotu.

—Tiene el cuerpo paralizado —respondió el curandero.

—¿Qué fenómeno puede haberle provocado ese efecto? —preguntó el cocinero.

—No un fenómeno común —contestó el anciano—, sino una poción o un hechizo misterioso.

—¿Alguien utiliza la magia en mi isla? —preguntó Kalea, preocupada—. ¿Quién puede ser?

—Podría ser Kaliq Zaba —intervino Tiaré—. Lo vi usar un hechizo para orientarse.

—¡Kaliq! Lo sabía —exclamó Purotu—. ¿Dónde está?

—Ha dejado la isla hace pocas horas —respondió Kalea—. No sabemos adónde ha ido.

—Luego nos explicaréis quién es ese Kaliq —dijo el príncipe de los Hielos—. Curandero, ¿no podéis hacer nada por el chico? Yo fui víctima de un sortilegio y estu-

ve prisionero en un cuerpo que no era el mío, pero las lágrimas de la princesa Nives me liberaron.

—Oh, no. —El anciano negó con la cabeza—. En este caso, las lágrimas de una princesa no surtirían efecto, aunque suelen ser un remedio portentoso.

Se hizo un silencio interminable.

—Pero podría probar con un ungüento —dijo al fin el curandero—. Sólo que no lo he traído, y no es fácil de preparar.

—¿Dónde lo tenéis?

—En mi isla, a un día de viaje de aquí.

—¡Pues vamos a buscarlo! —exclamó Purotu.

Empezaron a organizarse. Debían partir en seguida y viajar de noche. Todos parecían estar de acuerdo cuando, de pronto, se oyó un rotundo «¡No!» que truncó la iniciativa.

Era el pescador Anoi, que acababa de entrar en Flordeolvido. Estaba de pie tras ellos, con la ropa húmeda.

—Yo iré con el curandero.

Purotu miró a la princesa.

—Anoi tiene razón —dijo ella—. Es mejor que tú te quedes aquí con Naehu.

Éste tenía una expresión relajada, como si durmiera tranquilamente.

—De acuerdo —aceptó el chico.

El curandero se apresuró a embarcarse junto con el pescador.

—Volveré con el ungüento lo antes posible, princesa.

—Todos confiamos en vos.

El viejo asintió. Miró a los demás, y se marchó rápidamente.

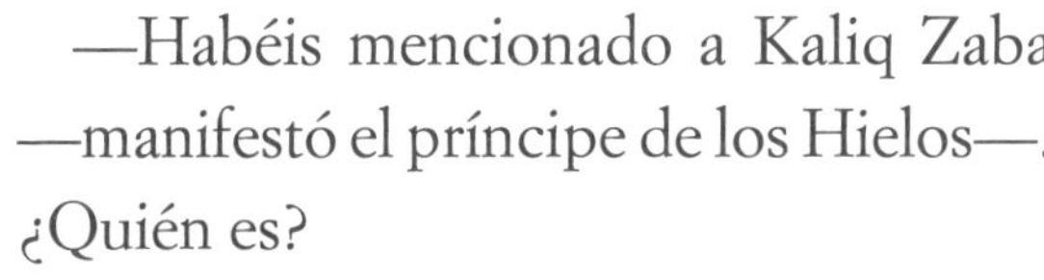

—Habéis mencionado a Kaliq Zaba —manifestó el príncipe de los Hielos—. ¿Quién es?

—¡Un sinvergüenza! —respondió Purotu, sin poder evitarlo.

Kalea se contuvo para no regañarlo.

—En realidad, no lo sabemos. Llegó aquí el día de la captura del Pez de Oro y...

—¿Llegó? ¿De improviso y sin ninguna explicación? —exclamaron los dos hombres del Reino de los Hielos.

—Me temo que hemos llegado tarde —añadió el príncipe—. Tengo que haceros otra pregunta.

—Adelante —lo animó Kalea—. No tengo secretos para ninguno de los presentes.

—En ese caso —prosiguió el príncipe de los Hielos—, ¿dónde está vuestra estrofa de la Canción del Sueño?

La joven palideció. Sus peores temores se estaban confirmando...

~*~

La princesa, Purotu y los dos hombres del Reino de los Hielos Eternos se pusieron en camino rumbo a la Isla del Sol antes del atardecer.

Durante el trayecto en piragua, el príncipe de los Hielos y Haldorr le contaron a Kalea lo ocurrido en Arcándida. Ella los escuchó con gran atención y se alegró por su hermana Nives.

—Entonces ¿la estrofa de Arcándida está a salvo? —preguntó, al finalizar el relato.

—Afortunadamente, sí. Tenéis una hermana muy valiente.

Kalea sonrió, y pensó en las pocas imágenes que conservaba de su niñez.

—Ya sabéis cómo es Nives —rió Haldorr—. Nunca se fía de nadie.

—¡Es una suerte! —exclamó la princesa, sin dejar de recordar episodios de su infancia—. Así que él empleó la misma táctica conmigo.

—Exactamente.

—Y yo he caído en la trampa. ¡Qué ingenua soy!

Purotu remaba a toda velocidad, consciente de que Kalea le había dicho a Zaba dónde ocultaba su estrofa.

—Sólo que la descripción no coincide —dijo la princesa—. Decís que Herbert era rubio, alto, de ojos gris azulados y piel clara. En cambio, Kaliq era... quiero decir... es de pelo castaño y tiene la piel oscura.

Los remos hendían el agua como cuchillos.

—Creemos que es capaz de cambiar de aspecto —respondió el príncipe de los Hielos—. Y también puede viajar por arte de magia de un lugar a otro.

—Y quién sabe cuántos hechizos más —concluyó Haldorr.

Kalea asintió. Pensó en la expresión sombría de Kaliq cuando la había abrazado hasta cortarle la respiración.

—¿Podría ser el hijo del Viejo Rey? —murmuró, casi sin fuerzas.

—El Viejo Rey no tenía hijos, princesa —respondió Haldorr.

—Os equivocáis. Tenía uno. Vi el retrato de ese niño en un libro que hay en el faro.

—¿Un niño? —preguntó el príncipe de los Hielos.

—Yo no tenía ni idea —contestó el bibliotecario—. Nunca vi ningún niño con él.

—Pues lo había —respondió Kalea—. Junto al Viejo Rey, el consejero, los generales, el mago y el alquimista. Un niño de dos, tres años como máximo.

—Quizá no sucumbió al Gran Sueño, y habrá crecido y...

— ...y ahora ha vuelto —susurró la princesa, entornando los párpados.

Llegaron a la Isla del Sol al atardecer. Kalea les pidió a todos que se quedaran en la orilla mientras ella corría descalza por la playa. Observó la espuma de las olas y se

metió mar adentro. Cuando sintió bajo los pies los adoquines de la calle secreta, siguió avanzando.

Lentamente, empezó a sumergirse, y entonces llegó su fiel orca *García*, que bajó a las profundidades junto con ella.

Purotu, el príncipe de los Hielos y Haldorr contemplaban en silencio cómo el sol se ocultaba tras el mar, tiñéndolo todo de rojo. Por fin, tras una espera que se les hizo interminable, vieron asomar la cabeza de la princesa fuera del agua. La orca real la condujo hasta la orilla y los tres hombres corrieron a su encuentro.

Kalea los miró.

—La estrofa ya no está —dijo—. Alguien la ha robado.

35
El veneno

Kaliq Zaba remaba con todas sus fuerzas, aunque no sabía adónde iba. La discusión con Kalea lo había herido profundamente. Se adentró en el mar bordeando la Isla de la Luna, hasta que vio un pequeño embarcadero al pie del acantilado. El faro se erguía nítido y alto por encima de él. En ese faro vivía Moea.

Kaliq pensaba que el cambio de actitud de la princesa con respecto a él se debía, en parte, a aquella mujer. Desde que había hablado con ella, la relación entre Kalea y él se había enfriado. Y después todos aquellos inútiles secretos, como el de la estrofa oculta en el mar.

Kaliq Zaba no quería saber nada de todo aquello. La princesa le parecía una chica hermosísima, alegre y optimista. Él había pasado gran parte de su vida estudiando las plantas y leyendo libros, y ahora, pasar tiempo con ella tranquilamente era su mayor deseo. No le interesaba el reino, ni la corona.

Atracó la piragua con dificultad, y a punto estuvo de chocar contra los escollos. Desde la orilla, tomó un sendero que subía por las rocas, inmerso en sus pensamientos. Tal vez le convenía aceptar la proposición del curandero, profundizar con él en sus estudios e investigar los antiguos remedios sanadores. Incluso podía escribir un libro y presentarlo en la Academia del Reino del Desierto.

Mientras subía por el camino, vio unas barcas acercándose a la Isla de la Luna. Se protegió los ojos con la palma de la mano e intentó ver quiénes eran. Luego prosiguió.

Flordeolvido quedaba lejos, y el atardecer estaba envuelto en una tenue neblina. Cuando llegó a lo alto del acantilado, se detuvo a contemplar el lago de agua dulce que había en el centro de la isla. Un fenómeno curioso y sugestivo.

Se sentó sobre una piedra de basalto, dispuesto a ordenar sus pensamientos. Se sentía confuso, infeliz, enfadado. Temía la verdad: se estaba enamorando de la prin-

cesa Kalea... Ahuyentó ese pensamiento. Kaliq Zaba no quería reconocer que era un sentimental. Le daba miedo dejarse llevar por las emociones; prefería el comportamiento de las plantas, tranquilas y silenciosas, con su polen, sus flores, frutos y semillas...

Kalea lo había herido y había huido de él, como si fuera un monstruo. No soportaba la idea de sufrir por ella. La serenidad de la princesa se había esfumado de repente, y con ella la alegría de su reino.

Ya estaba muy cerca del faro y de su luz eternamente encendida. Kaliq Zaba apartó de su mente tan confusos pensamientos. Vio unas antorchas que subían por el camino, en dirección al lago. Esperó para ver quiénes eran. ¿Habría una fiesta? ¿O Kalea habría enviado a alguien a buscarlo para pedirle disculpas?

Las antorchas crepitaban en la noche, bajo la luz del faro. Pertenecían a diez pescadores. Éstos, al reconocerlo, corrieron hacia él.

—¡Kaliq! —exclamó uno de ellos, cuyo rostro reconoció a pesar de la luz trémula.

—¿Qué ocurre? —preguntó el joven.

La actitud de los recién llegados no era amistosa. Los largos cuchillos que llevaban en el cinto y sus ojos amenazantes no auguraban nada bueno.

—Seguidnos, por favor —dijo el hombre.

—¿Seguiros? ¿Adónde?

—La princesa Kalea nos ha ordenado que os buscásemos y os llevásemos en seguida a Flordeolvido.

—¿Y os ha dicho por qué motivo?

—Nos ha dicho que os llevásemos como fuera.

—Vivo o muerto —añadió otro pescador.

—¿Ha dicho eso? —exclamó Kaliq Zaba—. ¿Vivo o muerto? ¿Habéis subido hasta aquí para capturarme?

—No opongáis resistencia, Kaliq...

Él rió, nervioso. La situación iba de mal en peor. Ignoraba qué habría motivado esas órdenes de la princesa Kalea, y no sabía qué podía ocurrir. Nada tenía sentido.

Se metió las manos en los bolsillos en busca de algo. Y lo encontró.

—¿Habéis dicho vivo o muerto?

—No os resistáis, Zaba... y seguidnos.

Él sacó las manos de los bolsillos lentamente. Con la derecha, asía la bolsa que le había dado el curandero. «¿Veneno o medicamento?», le había preguntado el anciano.

En el acantilado de la Isla de la Luna, Kaliq soltó una carcajada terrible.

—Si eso es lo que quiere —dijo entre dientes—, ¡me tendrá muerto!

E ingirió de golpe el contenido de la bolsa.

~*~

—¡Princesa Kalea! —gritaron las pocas personas de servicio que había en palacio—. ¡Lo han encontrado!

Ella fue hasta la puerta y vio una procesión de antorchas avanzando por la avenida de las palmeras. Y dos pescadores que sostenían el cuerpo de Kaliq Zaba. El príncipe de los Hielos Eternos, Haldorr y Purotu se reunieron con Kalea.

—Estaba en el acantilado de la Isla de la Luna, princesa —explicó el primer pescador.

A ella, los ojos se le llenaron de lágrimas, pero se esforzó por no mirar el cuerpo de Kaliq mientras lo depositaban en el suelo.

—¿Lo habéis matado?

—No está muerto. Sólo se ha desmayado, pero no reacciona a ningún estímulo. Ha ingerido estos polvos... —le dio a la princesa lo que quedaba de la bolsa del curandero—, y ha perdido inmediatamente el sentido.

—¿Se ha envenenado? —preguntó Kalea.

—¿Habéis encontrado algo en su ropa? —preguntó entonces el príncipe de los Hielos—. ¿Una caja, armas... más polvos como los que se ha tomado?

—¿Por qué lo habrá hecho? —murmuró ella.

—No lo sé, princesa —respondió el príncipe de los Hielos—. No lo comprendo. Pero si queremos saber dónde ha escondido la estrofa, tendremos que despertarlo.

—Llevadlo dentro —ordenó Kalea—. Purotu, guíalos a la habitación del profesor Zaba.

Los pescadores se marcharon y Kalea se quedó a solas con Haldorr y el príncipe de los Hielos. Estaban muy cansados, especialmente el viejo bibliotecario, que se caía de sueño.

—¿Qué hacemos, príncipe? ¿Tenéis alguna idea?

Ninguna. Excepto esperar a que vuelva el curandero. Él es el único que puede decirnos qué contenía la bolsa.

~*~

Esperaron durante todo el día siguiente.

El cuerpo de Naehu estaba aún más pálido y rígido, aunque Purotu no dejaba de lavarlo y cubrirlo de flores perfumadas. Mientras, Kaliq deliraba y temblaba en su habitación, y la fiebre no le bajaba.

Kalea pasó todo el día en la playa, esperando que el aire y el mar la hicieran reaccionar. Quería recuperar las ganas de vivir. Y su prioridad era que la felicidad volviese a su adorado reino.

El curandero no llegó ese día. Ni tampoco al día siguiente.

Turbada por las dudas sin respuesta, la joven buscaba fuerzas en su interior. Tranquilizó a Purotu, y miró la cara petrificada de Naehu. Al fin, decidió entrar en la habitación de Kaliq. Tiaré cuidaba de él, y le aplicaba compresas frías en la frente.

—¿Ahora percibes su olor? —le preguntó Kalea, de pie en el umbral.

—Huele a enfermedad, princesa.

—Él trajo el mal a este reino, por eso se perdió en el laberinto. ¡Ojalá lo hubiera echado!

—No podíais saberlo. El laberinto retiene a quienes practican magia, aunque sea de forma rudimentaria. Tal vez Kaliq la utilizó y ese día no se perdió. Eso

explicaría por qué nuestro curandero lo eligió como sucesor.

—Pero, un día, tú me dijiste que Kaliq no olía a nada.

—¿Yo, princesa? —exclamó la jardinera, muy sorprendida.

—En el laberinto, ¿no te acuerdas? Me hablabas del viento, y de los olores que percibes. Y me dijiste que Kaliq... no olía a nada.

—En realidad, os dije que me acerqué al pescador Anoi y a Kaliq Zaba, y que uno de los dos no olía a nada. Pero no sabía quién era. Es lo que os estaba diciendo cuando llegó el curandero y nos interrumpió.

Kalea miró a Tiaré y a Kaliq, que deliraba en la cama, y la asaltaron terribles dudas. Cuando la jardinera le habló de la ausencia de olor, ella pensó que se refería a Kaliq. Desde que lo había conocido, siempre pensaba en él... Y ahora debía reconocer que se había equivocado.

Anoi. Una imagen se representó de pronto en la mente de Kalea. Recordó la noche de las Mil Luces, cuando

le habían rendido homenaje al ganador del concurso del Pez de Oro. ¿Qué dijeron de él los otros pescadores? Que no lo conocían, que nunca lo habían visto. Anoi vivía solo en una isla lejana.

—¿Ocurre algo, princesa?

—Nada, Tiaré... Ahora lo entiendo todo... —murmuró Kalea, y sus dudas le produjeron vértigo.

¿Era posible que quien hubiera tramado algo contra ella no fuera Kaliq sino el pescador Anoi? ¿El hombre, alabado por todos y en el fondo desconocido, que vivía con ellos en el palacio real?

—¡Purotu! —gritó—. ¡Purotu! ¡Haldorr! ¡Príncipe de los Hielos! ¡De prisa! ¡El curandero corre un gran peligro!

36
El atolón del curandero

Anoi al desembarcar en el atolón del curandero pensó: «¡Qué viejo tan tonto! Con sus conocimientos, podría vivir en un palacio de oro, y prefiere esta mísera cabaña».

Anduvo por la arena, con los brazos doloridos de tanto nadar y remar. Y también por lo mucho que había nadado el día anterior.

Cuando dejó a Purotu junto al cuerpo de su hermano, volvió a su piragua y encontró en ella un escarabajo azul cobalto.

Lo cogió entre los dedos y se lo acercó al oído.

—¿Has descubierto algo nuevo, insecto de los sueños? —le preguntó.

El insecto hizo vibrar sus alas y le susurró lo que había oído en la Sala del Trono de Flordeolvido. Lo que la princesa Kalea le había contado a Kaliq de la calle sumergida, y de cómo encontrarla.

El pescador Anoi rió al pensar en el ingenuo joven de quien todos sospechaban. Gracias a eso, durante aquellos días, a él le había resultado muy fácil actuar sin que nadie lo molestara. Su insecto había espiado a la princesa y a su joven enamorado mientras aumentaban las sospechas hacia éste.

Fue Anoi, y no Kaliq Zaba, quien atacó a Purotu en la Sala del Acuario. Y también fue Anoi quien buscó sin descanso el escondite de la estrofa de Kalea.

Todos esos días, el pescador había remado a la Isla del Sol, donde había buceado hasta dar con la calle sumergida. La siguió bajo el agua hasta el acantilado de la Isla de la Luna, y allí, justo donde esperaba encontrarla, vio una abertura.

A través del agujero, por fin halló el cofre de coral que contenía la estrofa de la Canción del Sueño, grabada en una lámina de plata.

Anoi se pasó las manos sobre la ropa y lo palpó. Era un cofrecito muy pequeño, que cabía en la palma de su mano.

El curandero lo guió hasta una cabaña situada en el centro de la isla.

El interior estaba lleno de frascos y tarros que contenían polvos y líquidos, colocados en repisas y mesillas esparcidas por toda la estancia.

También vio unas mandíbulas de tiburón enormes, plumas de aves descoloridas por el sol, máscaras, uñas y huesos de animales.

—¿Os gusta mi laboratorio? —preguntó el anciano mientras buscaba algo.

—Más de lo que creéis.

—Es mi reino... un reino sin sucesor. Es pequeño, pero increíblemente interesante.

—No veo ninguna cama —comentó el pescador.

—Yo duermo fuera, bajo las estrellas.

—Excelente. ¿Y qué coméis?

—Me he fabricado una red en la parte occidental del atolón. Id a ver si hay algún pez.

Al cabo de unos instantes, estaban asando pescado en el fuego.

Mientras, el curandero había empezado a buscar entre sus remedios, e iba separando las plantas medicinales de las venenosas.

Usó extractos de plantas raras, y panaceas preparadas con métodos que se habían ido perdiendo con los años.

—Algunos no creen en la eficacia de mi medicina —explicó, haciendo una pausa en su actividad—, porque se basa en un estrecho vínculo entre sanador y paciente. Yo no suministro ningún remedio, sino que indico el camino para curarse. Pero es el paciente quien debe elegirlo.

—Es el paciente quien se cura —sonrió Anoi, en tono burlón.

—O quien se destruye —añadió el anciano.

—Estoy convencido de ello —respondió el pescador.

Anoi empezó a pensar que tal vez debía modificar parte de su plan. Aquel islote le sugería nuevas posibilidades. Pero ignoraba cuánto tiempo tenía antes de que la gente de Flordeolvido fuera a buscarlo. Aunque también era posible que no fuesen nunca.

Descartó la última opción con una malvada sonrisa. Sabía que el príncipe de los Hielos siempre seguía la pista acertada.

La cabaña del viejo curandero contenía sustancias insólitas, pero harían falta meses, quizá años, para aprender a usarlas, y él disponía de muy poco tiempo. Debía ir a los otros reinos antes de que pusieran sobre aviso a las demás princesas. Sólo que tantos venenos y sustancias prohibidas eran una gran tentación.

—¿Cuándo aprendisteis a preparar y usar estos remedios? —preguntó.

—Para ser un simple pescador, veo que sentís mucha curiosidad.

—Si no os parece oportuno, no me contestéis.

—Mi familia no era rica, y yo era el séptimo de siete hermanos. Cuando mi predecesor me eligió para transmitirme sus conocimientos, mis padres sintieron tristeza al verme marchar, pero también alivio, porque ya no tenían que ocuparse de mí.

—Comprendo —murmuró Anoi, sombrío—. ¿Habéis encontrado el remedio que buscáis?

—Sí —asintió el curandero—. Mañana podemos regresar. Estoy demasiado cansado para salir ahora.

Esperaron en silencio, observando el firmamento.

—¿Por qué no tenéis nombre? —preguntó el pescador de repente.

—Los de mi oficio tenemos una serie de reglas. Algunas son muy antiguas y, por eso mismo, a veces resultan incomprensibles. Es tradición que el curandero de las islas no tenga nombre.

Anoi sintió algo revolviéndose en su interior. Era como un volcán lleno de rabia, que le subía hasta los ojos, la boca, las manos enlazadas bajo la nuca. Una rabia imposible de contener.

—Así es que renunciasteis a vuestro nombre.

—Exacto.

Bajo la noche estrellada del atolón, el pescador estalló en carcajadas. Echó un puñado de arena en el fuego y siguió riendo estruendosamente.

El anciano le dedicó una mirada inquisitiva.

—¿Qué os ocurre?

—¿Queréis saber una cosa?

—Si lo consideráis importante...

—Mi nombre no es Anoi. Y no soy pescador. Sé mejor que vos qué significa renunciar al propio nombre, porque yo he renunciado a eso y a mucho más. ¡Soy el hijo del Viejo Rey durmiente, y crecí sin nombre y sin hogar!

Sus ojos despedían un brillo siniestro, y cambiaban de color sin cesar.

El curandero se puso en pie y empezó a retroceder.

—Me estáis asustando —dijo.

—¿Queréis saber mi verdadero nombre? —El falso pescador se acercó a él y se inclinó hasta rozarle la cara—. No sé cuál es, nadie me lo ha dicho —susurró, frío como el hielo—. Desde que era niño, mi padre duerme, aprisionado en un gran sueño mágico, en un castillo errante envuelto en la niebla. Nunca he sabido mi nombre, de modo que ni siquiera puedo perderlo.

De pronto, Anoi dio un paso atrás y se volvió, como si buscara algo. Vio un palo largo en el suelo, junto a las brasas del fuego.

El príncipe sin nombre lo empuñó como una arma, y, con una mirada pérfida, amenazó al curandero.

37

La desaparición

El príncipe de los Hielos, Kalea, Purotu y Haldorr se pusieron en marcha. Muchos pescadores se ofrecieron a remar por turnos para llegar lo antes posible al atolón donde vivía el curandero del reino. Llegaron al alba, bajo un cielo rosa pálido y sobre un mar sereno y cristalino.

El islote era muy pequeño, se podía recorrer a pie en diez minutos. Era un verdadero atolón, formado sobre una estructura de corales emergentes que, a lo largo de los años, se había ido cubriendo de arena. Crecían en él unas pocas palmeras, con el tronco inclinado a causa del viento.

Desembarcaron en silencio, empuñando sus armas.

La princesa caminaba en el centro del grupo de hombres. No sabía qué esperar y estaba intranquila.

En pocos minutos llegaron a la cabaña. Frente a la puerta, las brasas aún estaban calientes. El grupo se detuvo a unos diez pasos de distancia, y todos aguzaron el oído: no se oía nada.

Únicamente el mar. El príncipe avanzó solo hacia la cabaña, corrió la cortina que hacía las veces de puerta y miró dentro. Luego, sin decir nada, se volvió y les hizo una señal a Kalea y Haldorr.

La cabaña estaba vacía. Las repisas y las mesas, que solían estar llenas de frascos, tarros y bolsas, estaban medio saqueadas y con los tarros caídos.

—¿Adónde habrán ido? —preguntó la princesa—. ¿Lo habrá matado?

—Ese sinvergüenza ha robado todo lo que ha podido —comentó Haldorr al ver las estanterías.

—Y me apuesto lo que queráis a que no hará un buen uso de los remedios —comentó el príncipe.

—Es una pérdida incalculable —se lamentó Kalea.

—Un patrimonio de conocimientos inestimable. Además, el curandero no tenía sucesor.

—Todo se ha perdido... —murmuró el bibliotecario, contemplando la cabaña desvalijada y en desorden.

—Todo no —dijo entonces Purotu.

El príncipe de los Hielos salió de la cabaña, y anduvo por el atolón con los ojos fijos en el suelo. De pronto, vio algo que esperaba encontrar: en la arena blanca, justo detrás de la vivienda, alguien había dibujado un círculo. Y dentro del círculo se veían las huellas de dos pies. Pero no había ni rastro del curandero.

El príncipe de Arcándida conocía bien aquel círculo; era igual al que había encontrado en la cueva de Calengol, el cómplice de aquel ser despreciable. Ahora estaba seguro: el hombre que había robado la estrofa era el mismo que había intentado matar a Nives y adueñarse de Arcándida.

—Se ha ido y se ha llevado al curandero —dijo.

—¿Adónde han ido? —preguntó la princesa.

—A otro reino... —Escrutó el mar infinito y añadió en voz baja—: ¿Dónde te escondes ahora?

Dentro de la cabaña, Haldorr seguía buscando pistas.

—Venid a echarme una mano —les pidió a los demás—, creo que he encontrado algo.

—¿Qué? —preguntó Kalea, sorprendida.

—Aún no lo sé... debajo de este mueble... Ayudadme.

La joven y Purotu se agacharon y movieron el mueble. Haldorr se arrodilló, y golpeó el suelo con los nudillos.

—Antes, mientras andaba por aquí he oído algo...

—Puede que tenga razón —dijo Purotu, que también lo había oído—. Está aquí abajo —sonrió, mientras cavaba con las manos—. No sé qué es, pero hay algo...

—Te ayudo —se ofreció Kalea.

La primera capa de arena era dura y prensada, aunque la quitaron con facilidad. Debajo había algo sólido, Poco después, sacaron un cofre de nácar cubierto de arena.

—¿Qué es?

—¡No lo sé! —respondió Purotu—. Vamos a abrirlo.

Dentro había un libro escrito en caracteres incomprensibles.

—Es una lengua antigua, de nuestros antepasados —murmuró Haldorr tras echarle un vistazo.

—¿Vos sabéis leerlo? —preguntó Kalea.

—Con un poco de dificultad, pero sí, creo que puedo leerlo.

El viejo bibliotecario sacudió la arena del volumen y lo empezó a hojear.

—¿Qué dice?

—El Libro de lo Invisible —leyó Haldorr—. Remedios contra las enfermedades. Es un libro de medicina... Lo que se ve y lo que no se ve.

—¿Hay algo escrito sobre la parálisis? —quiso saber Purotu—. ¿Y sobre cuerpos que se transforman en estatuas de nácar, como el de Naehu?

Haldorr empezó a leer, pasando las páginas despacio con el dedo índice.

—Petrificar. Salinizar... Quizá sea esto.

—¿Y qué dice? ¿A qué esperáis?

—El corazón late muy despacio... el cuerpo está rígido y frío —siguió leyendo el hombre.

—¿Y qué hay que hacer?

—La piel adquiere un tono nacarado y se endurece. No existe ningún remedio...

Kalea y Purotu se apretaron las manos.

— ... salvo untar todo el cuerpo con un ungüento de perla.

—¡El curandero habló de un ungüento! —exclamó Kalea—. Tiene que estar aquí, en alguna parte.

Purotu inspeccionó los tarros que habían sobrevivido al saqueo.

—¿Cómo vamos a encontrarlo con este caos?

Haldorr y la princesa Kalea también se pusieron a buscar.

De pronto, ella gritó. Tenía en la mano un recipiente cilíndrico, del tamaño de un tarro de conserva.

—¡Es esto! —exclamó—. ¡Polvo de perla!

Se lo mostró al bibliotecario, que consultó rápidamente el libro.

—Es posible, princesa, es muy posible.

Purotu se dirigió fuera, pero Kalea permaneció en la cabaña.

—¿Haldorr? —lo llamó.

—Decidme, princesa.

—En el libro... ¿hay algún remedio contra el envenenamiento?

38

El antídoto

Junto al libro había un recipiente con un extraño jugo, que despedía un olor agrio y servía para casos de envenenamiento.

Aún tenían la esperanza de encontrar a Kaliq vivo, siempre y cuando no hubiese ingerido demasiado veneno.

—¡Vamos corriendo a Flordeolvido! —gritó Kalea, animada ante la nueva esperanza y la idea de reencontrarse con el joven.

Todos regresaron inmediatamente.

Sabían que disponían de muy poco tiempo, y cuando las piraguas llegaron a tierra, la princesa y su hermano saltaron a la arena y corrieron hacia el palacio.

—¡Id! —jadeaba Haldorr, detrás de ellos—. ¡Daos prisa, no me esperéis!

Cuando llegaron, el cuerpo de Naehu seguía tendido en la Sala del Trono, y dos lagartijas domésticas cuidaban de él. *Jay Jay*, el pelícano mensajero, se había posado en el alféizar de la ventana. Emiri los recibió con entusiasmo y alivio. Informaron a la princesa de que Kaliq seguía vivo, y ella se alegró mucho.

Vio platos de comida intactos en la mesa. Era evidente que, en aquellos días, nadie tenía hambre. En Flordeolvido, había reinado la tensión. El cocinero estaba muy pálido y unas profundas ojeras rodeaban sus sonrientes ojos.

—Puede que aún haya esperanzas para Naehu —dijo Kalea, y le enseñó al cocinero el tarro que llevaba en la mano.

—¿Qué queréis decir?

—Hemos estado en la cabaña del curandero, y hemos encontrado un antídoto. Quizá aún estemos a tiempo, podríamos...

—¿Qué necesitáis?

—Agua caliente.

Emiri asintió, y corrió a la cocina.

Kalea iba a disolver el polvo en el agua, pero de pronto se detuvo y negó con la cabeza.

—Con esta agua, no.

Fue al Acuario del Pez de Oro y recogió su agua curativa. Disolvió el polvo de perla en ella, que adquirió un tono rojizo.

—Invoco al Pez de Oro de nuestros mares, y la sabiduría de nuestro curandero.

Purotu y Kalea frotaron con ungüento el cuerpo de Naehu, y le apoyaron la cabeza en un almohadón. Esperaron unos instantes, pero no ocurrió nada. Tras un largo e interminable minuto, el chico movió imperceptiblemente los dedos de una mano.

—¿Has visto? —preguntó Kalea.

—Sí. Creo que funciona... ¡Está funcionando!

Poco después, Naehu abrió los ojos.

—¿Dónde estoy? —susurró, con un hilo de voz—. Me siento tremendamente cansado.

—¡Estás en casa! —exclamó su hermano, loco de contento, y lo abrazó muy fuerte.

Kalea los abrazó a los dos y lloró, pero esta vez de alegría.

Naehu agitaba los brazos, sorprendido ante aquellas muestras de afecto. No recordaba nada de lo ocurrido. Los loros de Emiri empezaron a volar frenéticos por la sala, mientras el cocinero, feliz, abrazaba a todo el mundo.

Luego, la princesa se puso en pie, y le dijo a Purotu:

—Aún no hemos terminado.

El chico asintió, se despidió de su hermano y fue a llenar una jarra con agua del Pez de Oro. Luego, dándosela a Kalea, dijo:

—Ve tú, hermanita.

Kaliq Zaba dormía en su habitación. A pesar de las ventanas abiertas, el aire estaba muy cargado. Le ardía la frente, y seguía teniendo mucha fiebre. Deliraba desde el día en que lo habían capturado. Tiaré cuidaba de él, y le aplicaba compresas frías en la frente.

La princesa diluyó el jugo agrio que había cogido de la cabaña del curandero en un poco de agua del Pez de Oro, y acercó el vaso a los labios de Kaliq.

—Siento haber dudado de ti —le susurró—. Por favor... ¡bebe! ¡Bebe!

Acercó su rostro a la cara febril del joven, y vio que éste se relajaba y abría un poco la boca.

—Así, muy bien. Bebe un poco más. No me dejes, Kaliq, por favor...

Éste tosió, se revolvió en la cama y cayó en un sueño profundo.

39

Despertares

Naehu, mientras comía sopa de moluscos dijo:

—¡Y yo convencido de que era Kaliq! Aquella noche, en la playa, estaba muy oscuro y no veía bien quién era. La silueta no dejaba de buscar algo en la arena.

—¡Buscaba la calle sumergida! —explicó la princesa Kalea—. Pero estaba en la playa equivocada.

—El segundo día —prosiguió Naehu—, empecé a sospechar...

—¿Por qué no me lo dijiste? —preguntó Purotu.

—Porque, por una vez, quería arreglármelas solo, y decidí seguirlo en piragua...

—Algo muy arriesgado para un poeta como tú —sonrió Kalea.

Purotu estaba de acuerdo con ella.

—Entonces me di cuenta de que no era Kaliq Zaba, sino el pescador que había ganado el concurso del Pez de Oro.

—¡Tenía que haberlo imaginado! —exclamó su hermano—. Ese ladrón de cañas de pescar...

—Cuando desperté en la gruta, me explicó por qué no me había matado. Quería que yo os contara una historia...

—¿Por eso me llevó junto a ti?

—Sí —respondió Naehu—. Quiere que sepáis que esto sólo es el principio. Que volverá al reino de Nives. Y que conseguirá las otras estrofas, incluida la que no pudo robar en el Reino de los Hielos Eternos. Quiere que sepáis que nada podrá detenerlo, y que el Viejo Rey con toda su corte despertará y volverá a gobernar los Cinco Reinos.

—Bah, por suerte estás aquí —dijo Kalea.

Luego dejó que los dos hermanos disfrutaran de su desayuno, y fue a ver a Kaliq, que ya había despertado.

~*~

—Sé que estás aquí —murmuró Kaliq Zaba desde la cama.

La sombra de Kalea se alejó de la puerta y entró en la habitación.

—¿Cómo te encuentras? —preguntó, con la voz ahogada de emoción.

—Mejor, aunque me duele todo cada vez que me muevo —dijo él, y rió nervioso.

—¿Por qué tomaste el veneno?

—Porque mandaste a tus hombres a arrestarme. Vivo o muerto.

Se hizo un silencio terrible.

—Lo sé. Me equivoqué.

—Te equivocaste.

—Tú tampoco me habías contado toda la verdad sobre ti.

—¿Qué quieres decir?

—Conoces la magia.

—Pues sí. Mi interés por las plantas me llevó a descubrir algunos secretos prohibidos. No me atreví a decírtelo, no confié en ti. Creía que, si lo sabías, me echarías de tu reino. Aquel día, el laberinto me condujo al pasadizo secreto que estaba oculto entre los setos... Tú tampoco me hablaste de ello.

—Sí, tienes razón —admitió Kalea—, yo también dudé de ti. Los pasadizos secretos son fruto de la magia

que ha sobrevivido a la voluntad del Rey Sabio. ¿Podrás perdonarme algún día?

Kaliq Zaba esperó muchos, interminables segundos antes de responder.

—No lo sé... Eres una chica peligrosa, Kalea.

—Impulsiva y tonta.

—Fascinante y resuelta.

—¿Me estás cortejando otra vez?

—No estoy en condiciones de hacerlo. Sólo digo la verdad.

—No quería que... todo acabara así...

—Yo tampoco.

—Ahora podemos empezar de cero —dijo ella—. Cuando todo esto termine y vivamos un nuevo período de paz, sin amenazas... podremos empezar de cero.

—¿Empezar qué?

—Tú a cortejarme. Y yo... a confiarte mis secretos.

—No quiero saber tus secretos, Kalea.

Ella se acercó, susurrante como el viento entre las hojas.

—Pues deberías saber uno...

Se inclinó y le dijo algo al oído.

—Kalea... —exclamó él, e intentó abrazarla, pero la joven eludió su gesto torpe, como si quisiera rechazarlo.

—Nos veremos más tarde, ahora tienes que descansar. Ya tendremos mucho tiempo para estar juntos y conocernos.

Se despidió de él riendo, y se alejó a toda prisa, impulsada por la felicidad.

40
El secreto del laberinto

Muy avanzada la noche, el príncipe de los Hielos y Kalea estaban solos en la Sala del Trono. Los demás ya se habían acostado, pero ellos dos sabían que, aunque estaban agotados, no iban a pegar ojo. Demasiadas emociones, preocupaciones y pensamientos.

—Me alegro mucho por vos y por Nives —dijo la princesa, conmovida.

—Vuestra hermana es una persona excepcional. Hacía mucho tiempo que la amaba, y ahora soy feliz de poder estar a su lado.

—Comprendo lo que decís —suspiró Kalea.

—Nives no quería casarse —explicó él, sonriendo.

—De niña, siempre decía que no lo haría.

—Por suerte, cambió de opinión al conocerme. Aunque... sigue teniendo un carácter muy independiente, como bien sabéis.

—No estoy segura de saberlo. Echo de menos a mis hermanas. Es muy triste vivir separadas, aunque lo hagamos por el bien de los Cinco Reinos.

—Kalea, yo creo que eso debe cambiar. Todas corréis un enorme riesgo. Él ha dicho que no se detendrá. Y ahora que ya tiene una estrofa, intentará por todos los medios conseguir las demás.

Ella se estremeció.

—Tenemos que avisar a todas vuestras hermanas. Y hay que hacerlo en seguida, antes de que tenga tiempo de volver a actuar.

El príncipe de los Hielos tenía razón. Todas estaban en peligro.

—¿Y cómo vamos a saber quién será la próxima?

—No podemos saberlo. Espero que tengamos suerte. He enviado mensajeros a todos los reinos, pero no sé si han logrado entregar sus misivas.

—Habéis hecho mucho.

—Tonterías. Aún no sabemos nada de él: dónde vive, cómo se llama, qué hechizos conoce... Pero tenemos que empezar por alguna parte, ¿no creéis?

—Tenéis razón.

Miró al príncipe a los ojos, tan claros y decididos. Aquel hombre le transmitía fuerza y tranquilidad.

—Hay una cosa que quizá deberíais saber... —dijo la joven.

—¿Qué cosa?

Un escalofrío recorrió la espalda de Kalea. Pero lo contuvo y susurró:

—Una cosa prohibida. En el centro del laberinto.

—¿De qué estáis hablando? —preguntó el príncipe.

—Es una especie de leyenda... Cuando todos nuestros reinos formaban parte de un solo Gran Reino, había pasadizos... que servían para viajar rápidamente de un lugar a otro.

—¿Me estáis hablando de un pasadizo mágico?

—Sí —admitió Kalea—. Está en uno de los setos, al final de un camino que parece no tener salida. Algunos días, en ese lugar misterioso suenan unas voces lejanas.

—¿Y adónde lleva el pasadizo?

—Al Reino del Desierto.

—Mostrádmelo.

Ella se acordó de la última vez que había entrado en el laberinto, cuando Kaliq la siguió, y dudó unos instantes.

—¿No avisamos a nadie? —preguntó.

—Sólo vamos a verlo.

—¿No querréis utilizar el pasadizo?

—He prometido no mentir en mi vida, y no os mentiré —dijo el príncipe—. Si ese pasadizo existe y todavía funciona, quiero utilizarlo en seguida, aunque ello signifique infringir la norma de no usar la magia. Vuestro padre la prohibió para salvar el reino, pero ahora, por el mismo motivo, es necesario recurrir a ella. No hace falta que vengáis conmigo. Simplemente, conducidme hasta el pasadizo.

—A veces, el laberinto no es lo que parece —dijo la princesa, que seguía dudando—. Las flores cambian y se vuelve un lugar peligroso.

—Pues entonces escribid una nota y decidles a los demás que no se preocupen por vos.

Kalea asintió. Cogió pergamino, pluma y tintero, y escribió un breve mensaje para Naehu, Purotu y Kaliq. No podía abandonar Flordeolvido sin avisarlos.

Queridos:

Un grave peligro amenaza nuestro amado reino. Debo irme y hacer lo posible por salvarlo. No os preocupéis por mí, pronto estaré de vuelta. A vosotros, Purotu y Naehu,

os confío el Reino de los Corales, pues sé que sabréis estar a la altura. Y tú, Kaliq, espérame. Sólo te pido que confíes una vez más en mí y en mi amor. Volveré para salvar mi reino y a nosotros. Sólo entonces podremos ser realmente felices.

Confiando en un futuro de paz y serenidad.

Vuestra,

Kalea

Dejó un sobre con el mensaje encima del trono y preguntó:

—¿Haldorr vendrá con nosotros?

—Estos viajes han sido muy fatigosos para él. Esta noche estaba muy cansado.

—Tenéis razón. Estará mejor aquí. Además, así ayudará a mis hermanos.

—Bien. ¿Podemos ir ya al laberinto?

—Seguidme —dijo Kalea.

La princesa salió del palacio a paso lento. Se volvió a mirar Flordeolvido por última vez, y lo vio envuelto en la luz suave y tenue de las estrellas. Le encantaba aquel lugar, era su casa. Si el viaje al reino de su hermana resultaba más largo de lo previsto, lo echaría realmente de menos.

Después de tanto tiempo... iba a ver a sus hermanas... Al pensar en ello, se sintió alegre, aunque no sabía muy bien qué esperaba.

Sonrió al príncipe de los Hielos Eternos, para indicarle que todo iba bien, y entró en el laberinto. El príncipe seguía sus pasos, admirado ante la insólita belleza de aquel lugar. De pronto, Kalea se detuvo ante un seto que les cerraba el paso.

—Ya hemos llegado —dijo.

La joven avanzó hacia la esquina y el príncipe fue tras ella. El aroma de las flores era tan intenso que embriagaba.

—¿Lo oís? —preguntó Kalea, acercando el oído a las flores.

Él la imitó.

—¿Primo? —oyeron llamar.

—Primo, corre, ven en seguida... ¡ha ocurrido algo terrible!

Kalea apretó fuerte la mano del príncipe de Arcándida, con el corazón en un puño. Era la voz de su hermana Samah, la princesa del Desierto. El príncipe de los Hielos, cada vez más sorprendido, no podía creer lo que oía.

—Entonces... estas voces... ¿vienen del Reino del Desierto?

—Es lo que siempre me han manifestado —asintió ella.

La joven princesa apartó algunos tallos con la mano, y abrió un pequeño hueco, por el que pasó, levantando una nube vaporosa de pétalos multicolor. El príncipe la tomó de la mano y pasó tras ella.

Transcurrido un tiempo que no supieron calcular, se hallaron detrás de un gran matorral, en un maravilloso jardín de cactus en flor. Era de día, y ya no se oían voces. Sólo el murmullo del agua que corría entre las plantas.

Kalea y el príncipe de Arcándida se miraron, y luego fueron en busca de Samah, la princesa del Desierto.

~*~

En Flordeolvido, la silenciosa Tiaré sonrió entre las sombras del laberinto. Luego echó a andar, y, con su larga falda, borró las huellas de Kalea y el príncipe. Sabía que el pasadizo secreto del laberinto era un bien muy preciado, y que no debían descubrirlo ojos indiscretos. Ahora que el reino estaba en peligro, era necesario ser muy prudentes.

Asintió, pensativa, y se dijo que defendería aquel secreto con su propia vida.

Por el momento, aquí dejamos al príncipe de los Hielos y a la princesa Kalea.

Sé que estáis impacientes por saber qué ocurrirá, pero, como habéis visto, a veces en las historias se producen giros inesperados, y se entremezclan otras historias. El futuro siempre tiene una explicación, démosle tiempo a que llegue.

Seguro que os estáis haciendo muchas preguntas. Querréis saber quién encontró la nota de Kalea, y qué ocurrió en Flordeolvido tras la marcha de la princesa. Por ahora, conformaos con saber esto: tras dormir toda la noche, Naehu se despertó lleno de energía, con ganas de tomar un buen desayuno. Pasó por la Sala del Trono, y encontró el pergamino de su hermana. Miró el retrato de Kalea colgado en la pared y le dedicó un tierno pensamiento. Después, dio la noticia a todo el palacio.

Como podéis imaginar, Purotu lamentó que no lo hubieran invitado a ir, pero Emiri le dijo que alguien debía tomar las decisiones en ausencia de la princesa. Y como no había más descendientes ni parientes de la casa real, y a él siempre lo habían considerado el primogénito de los gemelos, le correspondía tomar las riendas. Y así fue como Purotu aceptó de buen grado ejercer como príncipe del Reino de los Corales.

Kaliq Zaba, al leer el mensaje, comprendió que tardaría mucho en volver a ver a Kalea. Pensó en las últimas palabras que ella le había susurrado al oído antes de irse, y las guardó como un tesoro en su corazón. Cuando las fuerzas se lo permitieron, fue al atolón del curandero y ordenó la cabaña. Muchos pescadores, tras pasar cerca del islote, contaban que lo habían visto sentado en la orilla, estudiando el Libro de lo Invisible para aprender sus secretos. Pero, ya se sabe, los pescadores suelen contar leyendas imposibles y fantasiosas...

Los pescadores de las islas siguieron con su vida cotidiana, para que la princesa encontrara el reino tal como lo había dejado. Aunque, muchas veces, sus corazones traspasaban la línea infinita del mar para acercarse a ella, al menos con la imaginación.

Si os preguntáis qué fue de Haldorr... la respuesta es muy sencilla. Fue en busca de lo que más quería: los libros. Pidió a García que lo escoltara hasta la Isla de la Luna, y desde allí subió al faro. Llamó a la puerta de madera roja y Moea le abrió, diciendo:

—¡Por fin! ¡Creía que nunca volverías!

Tal vez, y digo sólo tal vez, más adelante retomemos la historia de Haldorr y Moea... Debéis tener paciencia, porque, a veces, las mejores historias también son las más complicadas. Y, mientras esperáis, ayudad con la fantasía y el corazón a Kalea y al príncipe de los Hielos, para que detengan al príncipe sin nombre. No olvidéis a Nives, que se ha quedado en la gélida Arcándida, y preparaos para conocer a Samah, la princesa del Desierto.

¿La veis? Está ahí, en el patio, llamando a su adorado primo. Os voy a dar un consejo: sed muy educados, porque no soporta las malas maneras.

Tea Stilton

Índice

Segunda parte

GRAN REINO
Fuerte
de los Reyes
Roca
del Sueño
Isla
Errante
REINO DE
LOS BOSQUES
REINO DE
LA TIERRA
PROFUNDA